没有利润,再好的企业都会很快陷入困境

企业利润改善
企业利润增长的创新实践之道

李善奎◎著

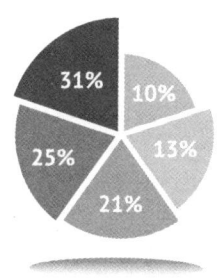

·北京·

图书在版编目（CIP）数据

企业利润改善：企业利润增长的创新实践之道/李善奎著.
北京：中国经济出版社，2017.7
ISBN 978-7-5136-4736-6

Ⅰ.①企… Ⅱ.①李… Ⅲ.①企业利润—企业管理—研究—中国
Ⅳ.①F279.23

中国版本图书馆 CIP 数据核字（2017）第 132442 号

责任编辑	牛慧珍
责任印制	马小宾
封面设计	任燕飞

出版发行	中国经济出版社
印 刷 者	北京科信印刷有限公司
经 销 者	各地新华书店
开 本	880mm×1230mm 1/32
印 张	6.75
字 数	113 千字
版 次	2017 年 7 月第 1 版
印 次	2017 年 7 月第 1 次
定 价	45.00 元

广告经营许可证　京西工商广字第 8179 号

中国经济出版社 网址 www.economyph.com 社址 北京市西城区百万庄北街 3 号 邮编 100037
本版图书如存在印装质量问题，请与本社发行中心联系调换（联系电话：010-68330607）

版权所有　盗版必究（举报电话：010-68355416　010-68319282）
国家版权局反盗版举报中心（举报电话：12390）　　服务热线：010-88386794

序一
PREFACE

随着国内经济增长下行压力的增大,劳动力成本上升,"劳动力红利"逐渐消失,企业利润空间越来越窄,盈利能力越来越弱,各个企业在经营发展上面临着前所未有的挑战。

随着消费者可支配收入的提升及商品的泛滥,消费者开始追逐品质消费的诉求,政府适时地提出"供给侧"改革的国家战略,通过政策面引导与推动企业供给能力的提高,可很多企业的经营诉求仍停留在"低质低价"的层面,导致市场供给与需求间出现严重的错配,企业抱怨生意不好做,消费者找不到心仪的产品。

不管外部环境怎么变化,企业未来的经营发展一定是建立在科技创新、产品升级、组织变革与机制创新的基础之上。李善奎先生的新作《企业利润改善》一书为企业带

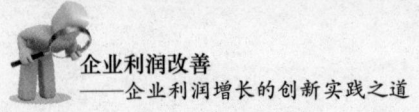

来了创造利润的秘籍。在书中，作者运用自己丰富的企业管理理论知识，把多年的企业管理实践经验进行了系统的归纳和总结，并结合国内外成功企业的典型案例从利润对企业发展的重要性、商业模式创新、销售策略创新、执行力的提升、管理机制创新、向大数据要利润等多个方面做了深入浅出的阐述，为企业在新形势下利润创造和盈利能力的提升指明了方向。

以往的暴利时代一去不复返，时下的企业利润空间越来越小，不管是传统企业，还是创新型企业，都应思考清楚企业核心的价值诉求，都应梳理好企业的内外部资源，围绕"价值交换"的经营本质，稳扎稳打，创造与改善属于自己企业的利润空间。

人的进步来自于认知的改变，企业的发展同样也离不开认知的变化，认知决定了看待事物的角度及面对事物的态度。企业只有审时度势，顺应时代变化，不断创新变革才能持续发展，基业长青。

李晓玲

安徽大学商学院院长，教授、博导

序 二
PREFACE

2011年认识善奎的时候，他还只是一个从事企业人力资源管理的毛头小伙子，那个时候我们因工作的原因经常一起探讨企业经营管理方面的问题与解决技巧。他是一个勇于探索、崇尚创新、乐于学习、喜欢分享的年轻人，于2016年1月在中国财富出版社出版了《连锁经营企业人力资源管控》一书，在行业内引起了广泛的反响与好评，我以其师父的名义为该书写了序。

《企业利润改善》一书是善奎最近几年从事经营管理的心得经验总结，他经常深入一线，洞察商业环境的变化及行业生态。本书围绕着"价值交换"的企业经营本质，结合当下互联网时代的互联网思维，以经营环境分析与商业环境变迁为起点，以商业模式设计、销售体系打造、管理系统的支撑、执行系统的提炼几个方面为根本着力点，系

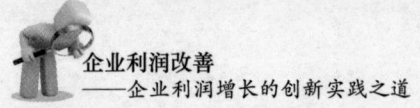

统地阐述了企业利润改善的关键节点的管控，并通过信息系统及大数据进行复盘与纠偏，不断强化提升企业的价值点，提升企业的利润空间。

善奎从企业出来后开始了经营分享与经营复制的事业旅途，以善奎为核心聚集了供应链管理专家、SAAS平台打造方面的互联网专家、私募基金操盘手、O2O运营专家、人力资源管理专家、注册会计师及知名律师等，他们的众智创联专门为创业型或二次创业型商业与服务业企业提供商业模式设计、盈利模式设计、流程体系设计、组织系统设计、线上线下O2O、匹配SAAS平台打造、匹配供应链体系打造、匹配财务系统设计、人力资源体系设计及资本对接等全套商务咨询服务，相继做了很多的成功案例。

作为善奎的师父，我很高兴能够再次为其新书作序，希望善奎及善奎的团队继续聚焦于商业与服务业板块，不断探索、不断创新，开发出更多的工具与方法帮助更多的企业。

师父　朱学令

序 三
PREFACE

2016年3月26日，善奎在安徽省人力资源经理人协会内成功首发他的第一本著作《连锁经营企业人力资源管控》。作为中国长三角人力资源管理协会副会长以及安徽省人力资源经理人协会副会长的他，不仅有着深厚的理论功底，还有着丰富的实践。

世上本没有救世主，如果说有，那就是企业自己。两千年的商业史，出现过两次大的技术革命和无数次经济危机，期间很多企业消亡，但总有企业能够幸存下来并且涅槃重生。历史告诉我们，越是复杂的局面越要追求简单，越是激烈竞争越要回归本质。

什么是本质？对于企业来讲，商业模式就是企业的本质，持续盈利就是企业的本质，是企业生存和永续经营必须要设计好的问题。

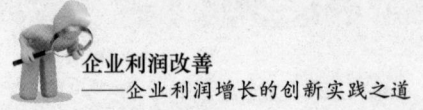

这世上没有最佳的商业模式,只要适合你的企业,就是最好的商业模式。有人说平台模式是最好的模式,就像淘宝那样,淘宝提供平台,让商家和消费者在上面交易,淘宝收取一定的管理费。平台模式虽好,但不是每个企业都适合做平台,有时候依附于平台,做内容,做垂直,一样可以活得很好。

见多方能识广,这世上没有放之四海而皆准的真理,真理只有联系实际才能真正起到作用。

写这篇序言的时候,合肥还在下雨,写完序言的时候,外面已经是艳阳天。这正如我们所处的时代,即使风雨,终将见彩虹。对于企业来讲,既然选择了这条路,就要不畏艰难,风雨兼程。

这世上所有的东西都会败给时间,成功都是暂时的。历史的车轮滚滚向前,如果我们能够以更大的格局去看成败,眼前的这些困难,又算得了什么呢?

匡龙云

中国长三角人力资源管理协会会长

安徽省人力资源经理人协会会长

前言
PREFACE

如今,在国内经济增长下行压力较大的情况下,各个产业在经营上面临着前所未有的挑战。对于进入"新常态"的企业来说,面临的竞争压力越来越大。许多企业迷茫了,原有的商业模式、盈利模式、组织模式、管理模式等都不再适应当下企业经营发展的需要了。企业想求新、求变,却不知道怎样变才能迎合市场的需要,才能将企业带出业绩乏力的泥潭。

在大环境如此不利的状况下,有一部分企业却在探索中突围,让企业业绩逆流而上。其发展强劲,给很多身处逆境中的企业带来了信心与希望。

企业的生存与发展,需要以企业具备盈利能力为基础。企业盈利来源无非是开源与节流。开源更多的源自企

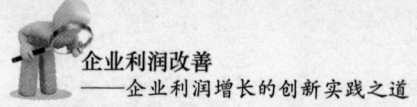

业在市场上的表现,取决于企业给顾客营造与传递的核心价值,并且需要匹配商业模式的创新设计与优化、匹配经营流程的顺畅,需要产品不断迭代予以支撑。而节流方面,更多的是企业管理水平的综合反映,需要匹配组织能力的支撑,需要强有力的指挥系统予以统筹。企业要强化管理设置、规范操作流程、提升运营效率,并通过激励手段以促进团队的磨合,提高效能水平,实现企业整体效益水平的提升。

好的商业模式需要匹配的组织模式予以支撑,传统企业之所以在经济新常态下举步维艰,除了没有抓住市场的脉搏适时进行转型升级外,也和陈旧的组织系统有很大关系。在瞬息万变的当下,企业要想保持企业利润的增长,必须具有不断创新的思维,在数据分析的基础上,不断完善组织体系,从商业模式、企业管理等方面来提升企业的市场表现力。

本书在总结自己以往企业经营管理成功经验的基础上,结合国内外比较成功的企业案例,以及自己亲自指导过的一些盈利较好的企业案例进行企业利润改善的研究,从商业模式、销售策略、有效执行、组织管理、大数据分析五个方面进行阐述，希望能给读者朋友带来一些触动与启发。由于笔者水平有限，书中难免有疏漏、不尽完善之处，恳请广大读者朋友给予批评指正！

李善奎

2017年1月

目录
CONTENTS

PART 1　利润，企业发展永恒的使命

对于企业来说，高利润有利于企业技术的进步和更新。只有高利润的企业，才能持续地为员工带来工作机会和薪水，为股东带来分红。可以说，高利润是支撑企业未来发展的基础。

◎ 利润，企业发展的命脉 / 3
◎ 不以营利为目的，企业不会持久 / 10
◎ 高利润，支撑企业成长 / 14
◎ 以利润为导向，向企业管理要利润 / 19

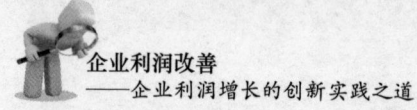

PART 2　商业模式，企业利润之魂

商业模式决定了企业的盈利模式。在竞争激烈的市场中，没有好的商业模式，产品再好，企业也没有前途。企业必须有赚钱的商业模式，才能够在竞争中立于不败之地。

- ◎ 打造赚钱的商业模式 / 27
- ◎ 升级商业模式，赢得市场口碑 / 32
- ◎ 资源整合，创造利润多元化模式 / 39
- ◎ 成就行业巨头的最佳商业模式 / 45
- ◎ 完善商业模式，助推业绩 / 50
- ◎ 成熟的商业模式需要监督 / 56
- ◎ 体验式商业模式成为市场新宠 / 61
- ◎ 个性化定制，最走心的商业模式 / 67

PART 3　销售策略，企业利润之源

企业能否将产品变成商品，换回货币，在很大程度上取决于销售策略。企业要从销售上抓利润，更好地满足顾客需求。

◎ 客户分层，为企业提供更多利润机会 / 73

◎ 体验式销售满足顾客精神诉求 / 80

◎ 追求个性，拓展销售渠道 / 84

◎ 顺应人性，增加趣味性销售 / 88

◎ 创意销售，让顾客爽快埋单 / 91

◎ 灵活销售，吸引顾客 / 95

PART 4　有效执行，企业利润增长之本

对于员工来说，执行力其实就是"做"的能力，能够准确地贯彻领导意图，高效地完成各项工作任务，通过提升业绩，来提高企业产品的利润。

◎ 组织资源的匹配提升业绩张力 / 101

◎ 完善决策制度，做优秀的决策者 / 109

◎ 灵活调整决策，减少试错成本 / 120

◎ 提高执行力，提升员工工作效率 / 128

◎ 好的策略，必须在执行后才能显示其价值 / 134

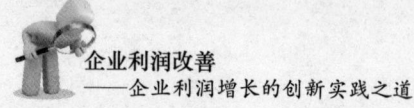

◎ 把握磨合期，增加团队张力／138

◎ 调整资源配置效率，提升企业利润空间／143

PART 5　组织管理，保障企业利润增值

层层的管理机制虽然解决了企业运营中的规范化问题，但同时也制约了企业运作的灵活性。要运用合理而人性化的管理方法，在保证一线销售渠道稳定的同时，努力通过提升管理水平，降低内耗，开创一个新的盈利"渠道"。

◎ 智能化管理魅力，调动员工潜能／151

◎ 抓住人性需求，激发员工动力与热情／157

◎ 人力资本时代，得人才者得利润／166

◎ 重树企业生态环境，为利润创造条件／169

◎ 用领导者胸怀，提高企业品牌效应／173

◎ 打造企业文化，增加企业凝聚力／178

PART 6　大数据：创新利润新时代

大数据时代，企业要想从大数据中获取有价值的信息，就必须了解数据挖掘和数据分析的方法，对市场上获取的零散信息进行整合，挖掘其潜在的价值为企业所用，帮助企业做出正确的决策，提升企业产品利润。

- ◎ 数据时代参与市场交换实现效益增值／185
- ◎ 定期复盘提高企业收益／190
- ◎ 稳健获利，合作共赢／194

PART 1
利润，企业发展永恒的使命

对于企业来说，高利润有利于企业技术的进步和更新。只有高利润的企业，才能持续地为员工带来工作机会和薪水，为股东带来分红，为国家带来税款。可以说，高利润是支撑企业未来发展的基础。

◎ 利润，企业发展的命脉

有一个人去买肉夹馍，对老板说："给我来一个，不要辣椒，但要多放点肉，放，再放，再放点，再多放点……"

老板抬头看着他："我给你卷头猪吧？"

那个人说："你急什么，以后我会多来几次照顾你的生意的。"

老板回答："得了吧，你可别来了，你光顾几次我就赔得关门大吉了。"

这则来自现实生活中的小故事告诉我们，再小的生意，都需要利润来维持。对于企业来说，利润更是企业发展的命脉。

"现代管理学之父"彼得·德鲁克说："没有利润，就没有企业。"日本经营之神松下幸之助也说过，企业不赚钱就是犯罪。

利润之所以对企业如此重要，是因为利润可以引导资源的有效配置。一个新行业利润率高，资本就会追逐这个行业；一个老行业利润率日益降低，资本就会远离这个行业。

任何一个企业，企业利润率过低，轻则带来资金链紧张，因经受不住竞争对手的低价攻击而失去客户，缩小规模；重则导致资金链断裂，企业破产。可以说，企业一旦没有了利润这条发展的命脉，就形同"割腕自杀"。

美国财星顾问集团的总裁史蒂文·布朗在总结自己经营企业的经验和教训的基础上，十分精辟地指出：忘却利润的重要性是企业经理人常犯的管理错误之一。企业的每一位经理都应该竭力防止利润的下跌。经理只有不断地提醒职员，让他们注意自己的个人活动与公司的因果关系，才能确保利润不致下降。

一个企业若没有利润，即便是有最佳的产品、最好的形象、最人性化的管理、最优秀的员工，也会很快陷入困境，难以自拔。最典型的案例就是曾经在专车市场上争得你死我活的滴滴和优步。2016年8月1日，这对同行冤家终于撕累了，为了共同的利益而合并在一起。无论它们是竞争还是合并，都是因为两个字：利润。

2016年8月1日,滴滴出行宣布与 Uber 全球达成战略协议,滴滴出行把优步中国的品牌、业务、数据等全部资产收购后,在中国运营。

导致滴滴和优步中国上演这幕"相杀到相爱"的虐心剧情的主要原因还是受资本的驱动,即让企业实现利润,同时也体现了靠补贴烧钱抢夺市场的模式已经难以为继了。因为在滴滴和优步中国合并之前,双方为了占领中国市场份额投入了数十亿美元。

外界曾经认为滴滴和优步中国合并,是否涉嫌垄断?针对各界的疑问,中国商务部新闻发言人表示,按规定,凡符合《反垄断法》规定申报条件和《国务院关于经营者集中申报标准的规定》中申报标准的,经营者均应事先向商务部申报,未申报的不得实施集中。目前尚未收到有关滴滴和优步中国相关交易的经营者集中申报。滴滴方面是这样回应的:目前滴滴和优步中国均未实现盈利,且优步中国在上一个会计年度营业额没有达到申报标准。尽管如此,根据滴滴披露的数据,2015年,滴滴实现中国网约出租车市场份额的99%,网约专车市场的87%,并在其他各条业务线都取得了超过70%的主导性地位。

根据《反垄断法》,只要一个经营者在相关市场上的市场份额达到二分之一,或者两个经营者在相关市场上的市

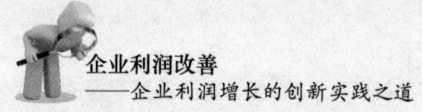

场份额达到三分之二的,就能推定经营者具有市场支配地位。合并后的滴滴、优步在网约车的一家独大地位更为明显,一只"巨兽"跃然纸上。

对于滴滴来说,即便同优步中国的合并顺利实现,如何让企业赢利还是需要面对的最大难题。优步官方披露,2015年在中国亏损10亿美元。据媒体估算,滴滴出行2015年亏损超百亿元。前期投入达数十亿美元,把市场份额做大,但当前两者都没有实现盈利。如果纯粹靠烧钱贴钱在市场上"圈地",却没有利润,这样的发展模式是不能持续下去的。

所以,滴滴收购优步中国必须按照中国相关法规进行,获得监管部门的认可才能完成。合并之后,也会面临怎样处理好司机、乘客和员工与公司自身之间利益分配的问题。当然,作为企业,更为重要的是,如何在服务好乘客的基础上把钱赚到手,也就是说,想办法赚取到利润。

利润结构决定企业的功能和效能。"利润"是一个产业、一个行业从成长、爆发到成熟、衰退必然面临的问题。在企业起步初期,做规模是基本的经营形态,这一阶段主要追求"收入最大化"。但是随着原材料、人工、管理成本的不断上升,企业规模越大,利润会越低。于是企业进入第二阶段，追求"利润最大化"，企业从"做大"转向"做强"。

当下，众多中小企业的倒闭，就是因为不能够持续赢利。史玉柱的观点值得中国许多创业者借鉴。他说："我觉得做一个企业，追求利润是第一位的。你不赚钱就是在危害社会，对这个，我深有体会。我的企业1996年、1997年亏钱，给社会造成了很大危害。当时除了银行没被我拉进来，其他的都被我拉进来了。我的损失转嫁给老百姓，转嫁给税务局。企业亏损会转嫁给社会，社会在补这个窟窿。所以，我觉得，企业不赢利就是在危害社会，就是最大的不道德。"

为什么在世界产业链利润分配中，中国制造分到的利润份额才约6%，而近94%被西方发达国家赚取？最重要的是大多数中国民营企业家不懂得研究利润、计算利润、创造利润。

几年前，有位搞风险投资的学员问我："李老师，现在有两家企业找我投资，甲企业规模很大，员工很多，产品也不错，但知道这个企业的人却寥寥无几。乙企业规模、产品、员工都没有甲企业好，但是市场却很有名气。你说我投给哪家公司合适呢？"

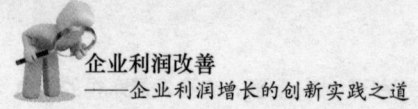
企业利润改善
——企业利润增长的创新实践之道

我分析道:"甲企业的老板是做实业的,但他没有乙企业的老板会卖企业。因为乙企业的老板能站在行业的高度看企业,能站在市场的角度做企业。所以乙的企业在市场上就有影响力。这样的企业能持续地获得利润。"

他有点不解地说:"现在的企业不都是靠着超强的产品质量取胜吗?"

我点头说:"你说得没错,但一家企业的成功不仅仅看企业现在的利润,更需要看它未来的前景。因为企业的竞争不仅仅看今天谁的钱多,而是看哪一家企业有持续赚钱的能力。如果企业赚钱,却不去提升自己的竞争力,不投资未来的竞争领域,那么以后你的钱会越来越难赚。"

他恍然大悟:"李老师,我明白了,未来的企业竞争不是比资本,而是比企业赚钱能力,如果企业没有持续赚钱的能力,那么今天企业的固定资产根本就支撑不了多久。"

他选择了乙企业。现在,乙企业正谋求着上市。

任何成功的企业,必须要有好的经营策略,这些策略除了要保证企业产品的品质外,还要具有营销策略。老板不需要卖产品,但是他必须懂得卖企业,我们这里说的卖企业,不是把企业卖掉,而是企业在行业内的地位,即它的市值，也就是市场价值。

作为企业经营者，必须清楚，企业的首要职能是经营好企业，让企业持续地赢利，这样才能解决好企业的自我"造血"问题，这也是企业生存的唯一路径。

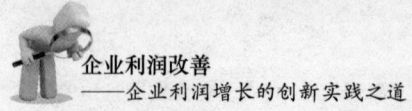

企业利润改善
——企业利润增长的创新实践之道

◎ 不以营利为目的，企业不会持久

对于企业家来说，在创业历程中，最悲催的事情无怪乎自己和员工忙了一年，到头来非但没有赚到钱，反而连员工的工资都发不了，也就是说创业创成了负债累累。

蜜淘网曾是跨境电商的标杆，曾有"海淘版唯品会"之称。蜜淘网创始人谢文斌出身于天猫，他看中海淘风口后，就决定创业。他在2013年10月从天猫离职，创办"CN海淘"，打着正品的旗帜做代购、导购平台。

2014年3月"CN海淘"上线，2014年9月正式更名为"蜜淘"。当时他野心勃勃，把蜜淘网定位为"海外品牌限时特卖网站"，声称要做海外购物领域里的"京东"。

蜜淘网的融资经历可谓是大手笔：2014年，蜜淘网上线之前，CN海淘就获得了著名天使投资蔡文胜的100万投资；2014年7月，蜜淘网获500万美元A轮融资；2014

年11月，蜜淘网获得3000万美元B轮融资。

在一年的时间内，蜜淘网顺利地三次融资，而且融资额呈指数级增长。特别是最后一次融资，在当时的进口电商领域算是最大的一笔融资。由此可见，在投资大佬眼里，蜜淘网"钱"景无限。

一时之间，蜜淘网在投融界名声大噪，成为"香饽饽"。然而，天有不测风云。从2016年3月底开始，有媒体爆出蜜淘网已经倒闭。

原来，蜜淘网在拿到B轮融资之后，没有在盈利模式上下功夫，而是拿出千万元频繁做广告，同时在多个领域打起价格战。蜜淘网还策划了"5·20激情囤货节"和"6·18电商大促"，宣称其是保税区最低价，和天猫、京东等大佬叫板。

但胳膊毕竟拧不过大腿，谢文斌多次公开表示，"就算我再融1亿美金，也不可能成为巨头打价格战的对手，巨头可以通过渠道与补贴的方式把价格压到很低，但是创业公司没有办法这样长时间消耗下去"。

此外，在海淘的模式下，用户体验无法保证，随着客户的恶评像雪片一样飞来，蜜淘网陷入危机。

2015年9月，蜜淘对传统B2C进行细分，开始战略收缩，提出"韩国免税店"概念，专注韩国商品，变得"小而美"。但此时跨境电商竞争早就进入白炽化状态了。蜜淘网没有迎来C轮融资，资金链断裂已无法避免。到了2016年7月，随着蜜淘网赚取的利润越来越低，到最后连员工工资都发不出来，只得选择倒闭。

综观蜜淘网的失败，我们不难发现，蜜淘网是在巨头的夹击之下一步步溃败的。在蜜淘网与巨头的价格战中，它死在了薄如刀片的利润上。蜜淘网的失败再次告诉我们，不以营利为目的的企业，即便起步再高，也不会持久的。

近年来，越来越多的人选择了创业。然而，对于创业公司来说，创业似乎没有春天，只有漫无边际的冬天。在2015年的"资本寒冬"之中，因为利润过低破产的企业不计其数，"C轮死""B轮死"的标题刷爆了我们的朋友圈（见表1-1）。

表1-1 失败的创业公司示例

公司名称	融资金额	公司简介	失败原因
澎湃养车	2800万元	创办于2014年，是最早的一批养车O2O创业公司。曾是行业巨头。由于采取了极端激进的补贴战略，客单价甚至低至1元。于2016年4月破产	为了疯狂的扩张、占领市场，采取了极端激进的补贴战略，导致利润极低或是无利润可赚

续表

公司名称	融资金额	公司简介	失败原因
P2P平台金联所	1.1亿元	金联所的背景特殊，其官网上自称是一家拥有国资背景的金融资产联合交易服务平台，其股东之一是中经新世纪投资有限公司，该股东有"中国煤炭城市发展联合促进会"，是一家由国资委主管的社团法人。于2016年6月破产	P2P平台经历了持续多年的倒闭潮、多起造成恶劣影响的平台欺骗以及跑路之后，已经饱受舆论攻击
美味七七	2000万美元	成立于2013年5月，以上海为中心，提供高品质的生鲜食材，并全程配以冷链配送。于2016年4月破产	股东矛盾和自建物流的高费用，导致资金链断裂
神奇百货	2000万元	出生于1998年的妹子辍学创业，主打95后概念，估值声称达到6000万元，公司主营类似代购的生意	创业者心智不成熟，盲目扩张，忽视用户需求

导致上述企业破产的原因有很多，但最主要的原因还是资金链断裂，企业缺钱。而资金链断裂的直接原因就是企业利润过低，或是根本没有利润。

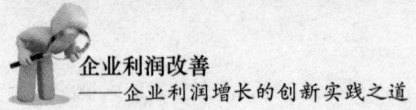

◎ 高利润，支撑企业成长

光线传媒2016年上半年业绩增长，主要是来自其电影主业的内生驱动。公司电影项目实现收入6.09亿元，比2015年同期增加102.60%。

光线传媒参与投资、发行并计入上半年票房的影片共8部，总票房为43.40亿元。这意味着，相比公司制定的2016年70亿元的票房目标，上半年已实现了60%。

紧接着，光线传媒上映了《美人鱼》《火锅英雄》《谁的青春不迷茫》《我叫MT》等共6部影片，票房为39.80亿元，其中《美人鱼》就有约34亿元的票房，此数字创造了国产片票房的纪录；除了上面提到的影片以外，《寻龙诀》《恶棍天使》虽为2015年上映，但部分票房结转到本期，票房为3.60亿元。

而在其他业务方面，光线传媒上半年实现了动漫游戏收入 1273.62 万元，同比减少 41.38%；由于合并浙江齐聚收入，实现其他收入约 1 亿元，同比增加 100%。

光线传媒能够快速地成长，是因为有高利润的支撑。除了光线传媒，还有阿里巴巴、老干妈、华为等在高利润的支撑下发展迅速的企业。企业只有创造高利润，才能够不断地发展壮大。而经济的另一面是很多企业仍然在生死线上苦苦挣扎。

2016 年 3 月 21 日，雨润集团下属公司雨润食品发布公告称，公司全资附属公司南京雨润食品有限公司未能按时偿还短期融资券，已构成违约。

实际上，在 3 月 21 日，南京雨润已兑付短期融资券的部分 2.2 亿元本金及所有累算利息 3225 万元。

雨润食品在公告中表示，南京雨润违约情况或已触及集团所订立的若干借款的交叉违约条款，从而可能会导致雨润食品需立即偿还 14.5 亿元。同时，雨润食品表示，按相关规定，由于相关借款人可寻求转换保证人或要求提供额外担保作为进一步保证，所以，雨润食品不太可能出现及时偿还的情况。从公告来看，南京雨润已经陷入债务危机的旋涡中。

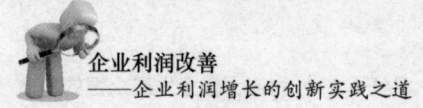

企业利润改善
——企业利润增长的创新实践之道

雨润的现状让我们发现,企业以前所谓的经营优势,在当前的商业环境下突然变得不再灵光。时代的变迁让企业应接不暇,焦虑、困惑、迷茫、无助困扰着当下的企业家,大大小小的老板游走在各种场合寻求帮助,跨界交流变得越来越频繁,大家都在关心行业未来发展的趋势,都在寻找利润增长的办法。

在思想的开放、模式的创新中,一批走在前面的企业开始了转型与升级的征途。例如,万达集团不再是以前的商业地产,而演变成了服务、商业、娱乐的平台;海尔也不再是以前简单的家电制造,而是成为物联网领域的领跑者。

但转型不是唯一的出路,也不是所有企业都适合走转型的路线,毕竟转型对大多数企业来说都是陌生的,充满了未知与风险。更多的企业选择了在原有模式基础上进行产业升级,重新塑造企业在行业中的形象与定位。通过此种方式,越来越多的企业走出了泥潭,走向了成功。

中科招商于2015年开始挂牌融资时,就在谋求着收购上市。其间,中科又实现了项目并购,可以说,中科招商在PE行业中"出尽风头"。

其实,中科招商早在挂牌新三板前夕,就曾先后两次融资 23.5 亿元。挂牌后不久，中科招商把 90 亿元的融资计划改为 50 亿元。两个多月后，就融到了 50.32 亿元的募集资金；之后，为了设立新的基金并增加 GP 出资额，中科招商不动声色地以 18 元/股的价格募集了 35 亿元。

2015 年 9 月 9 日晚间，中科招商再次启动新一轮定增，发行价格拟为 27 元/股，融资总规模计划不超过 300 亿元，而这刷新了新三板上市公司定增募资的最高纪录。同年 11 月 3 日，在 300 亿元的增发还是镜中花时，中科招商又有了 135 亿元的融资计划。

中科招商在疯狂融资的同时，也进行着疯狂的投资。中科招商最豪放的手笔是举牌 A 股上市公司。从 2015 年 7 月开始，中科招商共斥资超 40 亿元举牌了包括宝诚股份、朗科科技、国农科技、沙河股份、丰乐种业等在内的 16 家上市公司，这些举牌公司涉及的范围很广，既有房地产、计算机、电子设备制造、农林牧服务业，也有化学原料与制品、医药制造、进口原料批发、有色金属等多个行业。

随着融资的顺利，中科招商另一个战略布局也应运而生，就是进军国际市场。中科招商带着 5 年内造出 1 到 2 个苹果公司的目标，于 2015 年 10 月 13 日斥资 4 亿美元，与美国创业企业投融资平台 AngelList 达成战略合作，双方拟携手打造"硅谷直通车"，为中国投资人开辟一条投资硅谷早期项目的独特通道。

10月14日，中科招商表示将设立全资子公司上海世桢投资有限公司，注册资本13.33亿元，首期实缴注册资本2.87亿元，设立目的就是为了开展国际业务布局，进行跨境直接投资。

中科招商能够受到如此多风险投资公司的青睐，就是因为它投资的大多是高利润的项目。是高利润这个预期，才让中科招商不断地融到资金。

商场、超市等传统零售行业，不乏曾经风光一时的行业大咖，如沃尔玛超市，在中国也因业绩压力不停地关店，而永辉超市却因主打生鲜路线在电商的冲击下不但没有受到影响，反而越做越大；在受到冲击最大的服装行业，同样也有韩都衣舍、海澜之家等品牌实现跨越式发展。

这是最坏的时代，也是最好的时代。在经济新常态下，行业将重新洗牌，不变的永远是变化，行业一定会有淘汰，行业也一定会有重生。能够深度领略商业环境变化的企业在转型与升级的路上才刚起步，行业的规则在新的商业环境下会被重新塑造，谁能走在时代的前沿，谁就能最终走向行业的巅峰。

◎ 以利润为导向，向企业管理要利润

企业最大的目标就是追求利润的最大化，衡量一个企业的生存发展战略既要以利润为出发点，又要以利润为核心，最后还要通过利润来体现。

吉姆·柯林斯说："对于企业而言，利润就像人体需要的氧气、食物、水和血液一样，它虽然不是生命的全部，但是，没有利润，就没有生命。"既然利润如此重要，那么企业如何做才能实现利润最大化呢？

对于这个问题，企业管理大师、美国通用电气前 CEO 杰克·韦尔奇用他的行动给了我们准确的答案。

1981 年，45 岁的杰克·韦尔奇，成为通用电气历史上最年轻的董事长和 CEO。当时，公司的年销售额已经达到 250 亿美元，几乎看不到有任何改革整顿的必要。但是，作为通用公司的领导者，他却看到了公司隐藏的危机。

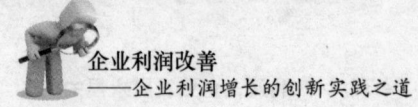
企业利润改善
——企业利润增长的创新实践之道

原来,这时的通用电气几乎完全是一个制造业的实体,收入的85%来自制造业,只有15%来自服务业。杰克·韦尔奇清楚地知道,制造业的利润在不断地下降,价值增长的潜力已经转移到下游服务和融资活动方面。

杰克·韦尔奇深知,公司要想发展,就得增加利润。为此,他说过,"一切以利润为导向,一切以效益论英雄"。

于是,他改变业务流程,砍掉不盈利和盈利水平低的部门,把没有竞争力和不适合通用电气今后发展方向的企业卖掉,甚至还卖掉了仍在盈利的基德和皮博迪两家公司。

杰克·韦尔奇几乎是冒险的管理方法,遭到了公司所有人的反对。然而,这就是杰克·韦尔奇的经营原则:不是世界第一或第二的,就把它卖掉,一定要发展培养出世界第一或第二的产业来,这样才能为公司增加高额的利润。

顶着压力改革的杰克·韦尔奇最终取得辉煌的成功:从1981年到1990年,通用电气的销售额翻番至540亿美元,2005年更是以1528亿美元的收入名列《财富》500强的第9位,利润高达168亿美元。

毫无疑问,杰克·韦尔奇的管理模式是成功的。他的成功也告诉我们,企业能否赢利,能否实现利润最大化,与企业管理者的管理理念密不可分。企业管理者在平时的工作中,要多在管理上下功夫,管理工作做得到位,就能为企业带来高利润。在管理企业的过程中,管理者一定要把精力聚焦在最赢利的产品上来,这样才会让产品持续赢利。

研究表明,我国80%有规模的企业具有在现有规模上增加30%~50%利润的潜力。这说明一个问题:我国企业的盈利水平太低。

我们经常看到不少中国企业在刚创办时,生意很红火,可是不到一年,就会因为赚不到钱而倒闭,或是转做其他行业。究其原因,就是盈利率太低。

我们这里说的利润,不是指当前一时的利润,而是要从长远的角度来思考,在实现当期利润目标的同时,要做好长期规划。管理者要重视有利于企业长远发展的管理工作,这样才能够让产品持续赢利。

作为世界财富500强中唯一没有上市的公司,华为经过27年的艰苦奋斗,以千倍的速度在飞速扩张。2015年,华为主营业务收入达2890亿元人民币,主营业务利润达340亿元人民币。

华为成功的背后,与任正非实施的管理制度有着很大的关系(见表1-2)。

表1-2 华为的管理制度

1	利益均沾	《华为基本法》明确指出：华为主张在顾客、员工与合作者之间结成利益共同体，努力探索按生产要素分配的内部动力机制。这就是利益均沾。例如，华为的员工绝大部分是高学历人才，公司本着重视人才的原则，定的薪资待遇在全国首屈一指。除了高薪外，员工还享有内部股份，这种管理制度把员工的利益与公司的利益紧密联系起来。 除此以外，华为在与客户合作时也秉承这一原则，以此来体现利益均沾的思想
2	业务聚焦	华为在将近30年的发展历程中，始终如一地做着自己的业务，无论时代如何变化，它都是把业务聚焦在通信行业，并全力开拓市场。 最为可贵的是，别看华为今天已经战绩辉煌，可任正非仍然把华为定位为一个能力有限的公司，从来不会盲目创新。任正非的这些做法，反映了华为聚焦业务的思想。正是通过核心业务、研发投入、人才使用、内部管理等方面的聚焦，才让华为集中资源优势，取得突破发展
3	企业文化	众所周知，华为的成功离不开企业文化。见过华为员工的人，都会被他们脸上洋溢的自信、谦和以及蕴藏于内心的激情所感染，而这些，正是企业文化的体现。 任正非的人生经历和身上的美德，让他能很好地把握人性，他的言行能够招招击中人的要害。企业文化展现到员工的执行层面，就是华为早期的"狼文化""床垫文化""激情文化"等，充分展现了一个温中带刚的善战"团队"

每一个企业的崛起都绝不是偶然，促使华为成功的必然元素，就是利益均沾、业务聚焦、企业文化，这些因素形成了任正非独特、个性的管理模式。

延伸阅读

实体兴则经济兴，实体弱则经济衰，国家层面及各地政府为了保障实体企业的提升，不但在国家政策层面予以支持，更加微观的落地措施也层出不穷（见表1-3）。

表1-3 支持实体企业发展的政策层面

序号	层面	详解
1	战略层面	专门成立经济领导小组，牵头对当前国内国际经济形势进行分析与研究，并提出纲领性的经济改革方略，在深度分析我国产业结构、国内消费升级、产品在国际上不具有技术优势的基础上制定出供给侧改革方案，通过市场因素、综合政策组合使用引导与倒逼实体企业进行产业升级，提升供给能力以提高其市场竞争力
2	意识形态层面	鼓励创新，倡导"大众创业、万众创新"，同时匹配政策引导企业创新创造，以寻求实体企业的突破
3	技术支持层面	提出"互联网+"的概念，并把"互联网+"提高到国家战略层面，以期通过互联网的手段改造与提升传统企业，实现在国际市场上"弯道超车"
4	落地执行层面	建设各种产业园区、孵化器、加速器等支持项目，通过招商政策牵引，实现产业集群效应，通过配套设施的完善与提高，强化人才交流与提升，促进实现创新创造项目的落地
5	职能定位层面	营造政府的服务职能、制定市场规则、打击特权主义，维护规则的独立与中立，简政放权，通过市场这双看不见的手与市场规则影响并管理市场，激发市场元素的活力，提高市场的运营效率

续表

序号	层面	详解
6	支持创新创业方面	将注册资本实缴登记制改为认缴登记制,放宽注册资本登记条件,简化登记事项和登记文件
7	项目政策支持层面	各开发区、产业园区、孵化器、加速器项目等匹配房屋租金的免交或减交等相应政策,专利项目、创新项目、国家支持项目的税收返还、甚至免交,政府出面进行人才交流的支持等
8	专业提升层面	由国家相应职能部门,如发改委、经信委、中小企业管理局等组织专家、学者采取灵活多变的组织形式对企业及组织进行专业的培训与交流,以期提升从业人员的从业水平,提升企业效益
9	成本减少方面	国家通过营业税改增值税的方式减少企业的税基以期减少企业的负担,同时通过社会保险的缴费比例的减少,真正落实企业降低成本的诉求
10	认知定位层面	肯定了企业家精神,通过思想引导的方式纠正了社会对企业家的角色认识,提升企业家的社会地位,同时引导企业及企业员工的匠心精神,在思想层面上改造企业及从业人员
11	公共配套方面	加速交通管网、智能城市等配套设施建设,同时通过透明政府、阳光政府的打造,强化政府服务职能,营造公平、合理、便利、透明的商业环境

PART 2
商业模式,企业利润之魂

商业模式决定了企业的盈利模式。钱的模式。在竞争激烈的市场中,没有好的商业模式,产品再好,企业也没有前途。企业必须有赚钱的商业模式,才能够在竞争中立于不败之地。

◎ 打造赚钱的商业模式

管理学大师彼得·德鲁克说："当今企业之间的竞争，不是产品之间的竞争，而是商业模式之间的竞争。"

那么，什么是商业模式呢？所谓商业模式，就是为实现客户价值最大化，把能使企业运行的内外各要素整合起来，形成一个完整的、高效率的、具有独特核心竞争力的运行系统，并通过最优实现形式满足客户需求、实现客户价值，同时使系统达成持续赢利目标的整体解决方案。

具有131年历史的柯达，作为感光行业的王牌企业，曾经创造过无数的辉煌成绩，但是瞬息万变的市场和飞速发展的科技使柯达遭遇到了挑战。

首先是来自市场领域的激烈的价格竞争。零售商将柯达产品的价格压低了40%。在东欧和发展中国家的市场上，

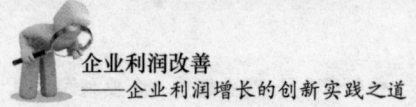

企业利润改善
——企业利润增长的创新实践之道

价格便宜的胶卷也给柯达造成极大的威胁,因为低收入水平的人更注意价格而非品牌和质量。柯达实施了一系列价格反击策略,曾经在一定程度上起了作用,但仍无法彻底清除价格战带来的恶劣影响。

柯达面临的另一个挑战来自数字成像技术对传统成像技术的冲击。高昂的成本、笨重的设备、严重的污染是底片与相纸生产和冲印过程中难以解决的问题,体积大、不能永久保存、查找困难是使用底片和相纸给人们带来的不便。

随着数字成像技术的出现,照相技术逐渐告别底片和相纸。一张巴掌大的光盘可存贮成千上万张照片;然后,通过电脑打印机可以直接打印出照片……总之,数字成像已经成为市场主流,底片和相纸除了部分专业人士外,基本已经无人问津。这场技术革命宣告胶卷行业进入濒死状态。

作为感光技术的龙头老大,柯达在数码照相这一新技术领域并不具备先天的优势,而数字成像技术的普及意味着柯达公司丧失胶卷、相纸所带来的丰厚利润。所以,柯达公司随着胶卷一起退出了人们的生活。

柯达1975年发明数码相机,却没能把这项新技术变成利润增长点，让人深感遗憾的同时，也带给我们思考。

正所谓"成也模式，败也模式"，有人分析发现，多年来，柯达陶醉于胶片业务的巨大利润，在数码影像产品蜂拥而至后，柯达却不想转型。在富士胶片、柯尼卡美能达等竞争对手纷纷抛弃胶卷相机，迎接数码消费时代的到来时，柯达公司仍然抱着以前的模式不放，不想远离传统胶片市场，拒绝变革。就这样，柯达在错失一次次转型的最佳时机后，不得不通过抛售专利等方式勉强求生。

实际上，像柯达这种不想顺应市场转型的企业有很多。例如，2009年4月，美国第三大汽车商克莱斯勒宣布进入破产保护；2010年6月，拥有101年历史的通用汽车宣布进入破产重组轨道；"互联网贵族"雅虎因为在技术和媒体之间频繁摇摆不定，导致其市值与高峰时相比跌去近80%。

在这个日新月异的时代，企业唯有打造一套持续赚钱的商业模式，才能够重新焕发生机。那么，什么是赚钱的商业模式呢？

一般来说，商业模式越简单、越容易理解越好。赚钱的商业模式具有六个特点（见表2-1）。

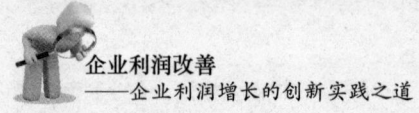

表 2-1 赚钱的商业模式特点

序号	特点	详解
1	产品简单	产品简单，客户更愿意埋单。例如，"商务通"就是从"记电话"这个简单的小功能开始的。惠普的掌上电脑具备包括日程、电脑备份等一系列的复杂功能，他们在庆祝累计销售量达到 1500 台时，"商务通"日销量就达到了 1500 台
2	方法简单	越是简单的方法，越能被各级下属所执行。不懂互联网的马云觉得亚洲应该有自己独特的模式，不能全学美国模式。于是，他和所有的互联网精英不一样，不做 15% 大企业的生意，只做 85% 中小企业的生意。用马云的话说："只抓虾米。"
3	前提简单	前提越简单越好。任何一个业务，如果有三个以上的条件为前提，基本上是不可行的。例如，分众的模式：谈楼宇、装电视、卖广告，简单得很，执行起来也很快；拉卡拉的模式：谈商户、装 POS 机，也非常简单
4	创意简单	最好是"一次创意型"。凡是需要不断创新的生意，都是难度很高的。例如，百瑞源，这家企业创造了一个奇迹：日销百万元，单店年销破亿元。它是怎么做到的呢？它的创意很简单，就是文化元素+旅游整合。正是这种简单的创意，让它创造了前所未有的行业奇迹
5	成本要低	赚钱的商业模式大部分是低成本扩张。靠巨额投入来拓展市场的商业模式，压力很大。例如，老干妈只有一种拳头产品，油辣椒，产品十分聚焦，也不做广告，也不请代言人。可以说成本不高，但销售额达 40 亿元，利润可观。所以，赚钱的商业模式门槛一定要低

续表

序号	特点	详解
6	占领产业制高点	赚钱的商业模式最突出的特征，就是在一个或者多个领域占领产业制高点。例如，双汇作为老牌肉食品企业，不只单纯地卖火腿，而是借助当地（河南）养猪的原料资源所具有的规模优势，通过引进先进技术，不断挖掘深加工，打造了"畜禽—屠宰加工—肉制品精深加工产品链"，加强畜禽养殖基地和产业带建设，提高工业化屠宰集中度，依托精深加工，加工销售生鲜肉是双汇发展新的战略重点。此做法一举三得：一是推开市场之门，二是挽起农民同奔富裕，三是占领产业的制高点

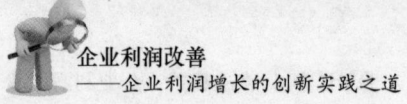

◎ 升级商业模式，赢得市场口碑

随着商业环境越来越复杂，行业竞争越来越大，商业模式变得越来越复杂，出现了跨界行业整合的商业模式。

外卖订餐是大学生创业的最热门领域。然而，由于大部分创业者的商业模式僵化，导致外卖订餐公司多数破产。几年来，经过岁月的洗涤，大学校园创业者中，能走出校门院墙的只有"饿了么"。

饿了么是由上海交通大学张旭豪、康嘉等人创办的网上订餐平台，于2009年正式上线。"饿了么"持续赢利，引起了风投的关注。2011年，"饿了么"A轮投资与2013年B轮投资分别来自金沙江创投与经纬中国，均为数百万美元。2013年11月，"饿了么"获得由红杉资本领投的2500万美元C轮融资。2014年5月，"饿了么"又获得大众点评网领投的 8000 万美元融资。

说到"饿了么",就不得不提另一家订餐网站——"小叶子"。"小叶子"是由张旭豪的学长范晔创办的。2009年,当张旭豪创立"饿了么",骑着脚踏车送外卖的时候,"小叶子"已经初具规模。

2010年底,由于"饿了么"与"小叶子"商业模式的不同,导致二者的结局大不相同。"饿了么"全盘接收了整个交大及周边几所学校的阵地,企业前景彻底逆转。之后由于资本介入,"饿了么"的利润进入高速增长期,保持了一年近10倍的增长。从交大周边,到上海各大校园区,到一线城市的各个校园区,再到一线城市全城。最终,"饿了么"以10亿元的年交易额,占据了整个外卖市场7成以上的份额,甚至跨过了1亿美元的估值关口。而"小叶子"被远远甩在其后。

"饿了么"能够迅速地超越"小叶子",在同行业中崛起,它制胜的武器就是其升级的商业模式。"饿了么"网站上线后,第一个提出"C2C 订餐"的概念,在重视服务订餐用户的同时,也重视服务餐厅,此举让它搭建了用户和餐厅沟通的平台,推动了餐饮行业数字化的发展。"饿了么"因此成为区域化电子商务的领跑者。

一般来说，外卖行业具有以下三种商业模式（见表2-2）。

表2-2 外卖行业的三种商业模式

模式	定义	详解
跑腿模式	帮餐厅提供配送服务，并向用户收取一定的配送费，部分项目也可以从交易额中获得一定比例的折扣作为配送报酬	不管是要用户出配送费，或者通过餐厅处获取折扣，要维持自身运作需要高客单价的支持，所以这类项目只能围绕中高端餐厅或者集体订餐来拓展业务，C端的需求并不是非常旺盛。由于要自建配送团队，模式比较重，两者叠加会导致扩张速度慢。但相应地，业务会比较稳定，和餐厅的关系也会比较紧密
佣金模式	为餐厅带来订单，并收取一定比例的佣金（比例一般为5%~12%）	虽然整个项目人力非常轻，可以快速拓展，但对于整个用户的送餐体验没法控制。更重要的是佣金就像是把商户嘴边的肉割去一块儿，从商户的角度来看，你只是帮他带来客人，为了提高利润，餐厅会鼓动用户摆脱平台直接下单
定额服务费模式	不参与配送，只提供订单，每月收取定额服务费	这几乎改变了网上订餐的整个理念，对商户来说，线上的合作方从"割肉"的角色转变成了"分肉"的角色

"饿了么"属于第三种模式——定额服务费模式。这个模型的成功之处在于，它不但保持了轻模式的优点，还解

决了轻模式下商家与平台对立的缺点。可以说，正是这种升级后的商业模式，奠定了"饿了么"成功的基础。

"饿了么"提供的是外卖信息化管理的服务。这整个系统是一个商户端的线上餐厅管理解决方案，包含订单、菜单和数据等多方面的管理功能，而且同时包括客户端软件和出票机两部分。部署系统后，餐厅的外卖处理流程变得相当简洁，不需要记单子，不会记错用户订的菜，也不会送错地址。餐厅的订单量随着"饿了么"的用户量扩张而上升后，餐厅越来越发现自己离不开这套系统，所以商家不会将用户往平台外推。

用户在订餐平台上能够看到周边餐厅信息及详细菜单，只需把鼠标轻轻一点，美味即刻送到面前。整个订餐流程变得既方便又快捷，即使不注册也能订餐。可以说，在当今宅文化盛行的时代，"饿了么"在吃的方面为用户提供了更多选择。

"饿了么"收费模式的变更和信息系统的推进，是一个思维的转变加上一个信息化工程，几乎把所有平台都会面对的"鸡"与"蛋"的问题基本解决了，这才导致"饿了么"很快步入高速发展期。

下面，我们来分析一下"饿了么"升级后的商业模式（见表2-3）。

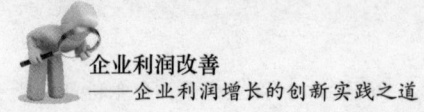

表2-3 "饿了么"升级后的商业模式

业务结构	目前,饿了么的主营业务是小店外卖,针对的用户以中低端用户为主,客单价在10~20元。未来,将涉足客单价更高的中端餐饮外卖
线下门店推广	饿了么的线下地推团队约有100余人,占公司总人数的一半左右。饿了么创始人之一康嘉透露,饿了么并未寻求第三方地推团队的帮助,在他看来,第三方团队虽然掌握大量线下资源,但团队的不稳定性会给饿了么带来巨大威胁
大区化推进	饿了么的线下拓展方式,并不是以城市为单位,而是以"大区",每个大区会有1~2人进行推广,同时配备数名短期兼职员工。目前,仅北京,就拥有超过20个大区。而二、三线城市则一个城市有10个左右的大区
物流配送模式	与推广不同,物流方面主要与第三方公司进行合作,如,饿了么在北京主要合作的公司是美食送,在康嘉看来,饿了么对物流的关心主要以配送速度和食品保鲜程度来衡量
盈利模式	饿了么的盈利并非依靠外卖抽成,而是主要依赖服务年费。一般一家餐饮店每年需要交5000元左右的费用。同时,对于希望在饿了么上进行搜索推广的用户,其同时会收取"排名费"

"饿了么"给一线的市场人员,也就是每个区域的区域经理很高的权限,包括费用分配和后台操作等。总部的任务就是只给目标和预算框架,方式自行决定,不合格就更换负责区域,再不合格就淘汰。由于"饿了么"是一个很年轻的团队,实际上谁也不比谁有权威。领导层也没有办

法证明自己的判断一定比一线人员正确,所以,鼓励一线成员尝试,按实际效果来评判。

不要以为这个方式是很容易模仿的。作为管理者,首先得有容忍的度量,而且给下层太多权利本身也是把"双刃剑"。例如,时不时会有"饿了么"市场人员与商户间存在收贿谋私之类的纠葛传出。总之授权还是收权,这其中的"度"需要管理者掌控,但无论如何,就是这样的管理模式让"饿了么"发展加速。

在当下的资本时代,商业模式可以借助资本无限演绎,只要你的项目充满无限想象、充满创新与创意,你就可能借助资本的力量,以补贴的商业模式将企业快速做大,就像今天的滴滴一样,虽亏损上百亿,但还是有那么多的资本竞相追捧。原因只有一个,就是企业商业模式的"钱"景好。

国内一家社会保险代理公司,他们针对服务对象行业设计了专属行业使用的人力资源管理软件,以免费的形式将软件中的基础功能提供给企业使用,通过免费软件接触并开发了大量的客户,通过软件功能的不断优化及BUG的不断修复提升顾客价值体验,吸引顾客挖掘更多的软件功能需求,顾客可以以现金购买的方式获得新功能的使用权或将保险代理业务提供给该企业,以业务置换方式获得功能使用的权利,以期实现企业业务拓展的目的。

从表面上看,软件和社会保险外包业务属于两个完全不相干的行业,但通过异业联盟的方式却实现了关联交易的可能,社会保险外包收益补贴软件开发费用,以软件基础功能免费提供方式实现企业拓展客户的目的,提高了企业效益水平。

这就是商业模式设计的魅力所在。企业可以在原有行业中通过内部体系的改造重新改造消费者对其的认知,不管是转型或升级,都需要有清晰的盈利模式作为最终落脚点,需要配套经营流程与配套资源予以支撑。

◎ 资源整合，创造利润多元化模式

美团的五周年报告显示，自2010年3月4日上线以来，美团用户数达到两亿多。这些用户在美团上的消费包括：吃掉7亿顿饭、预订7000多万间酒店房间、观看3亿场电影、收到1.4亿份外卖，累计花费超过800亿元。更令人惊讶的是，美团为用户节省的金额达到1100多亿元。

美团在为顾客省钱的同时，也让商家获得了巨大的收益，可谓是一举多得。报告指出，每天有超过2000万人使用美团。在短短五年间，美团为90多万家商户带来了14亿次交易，平均每个商户待客1555次。

美团的使命是连接人与商户：一方面，为顾客发现最值得信赖的商家，让顾客享受超低折扣的优质服务；另一方面，为商家找到最合适的顾客，给商家提供最大收益的互联网推广。

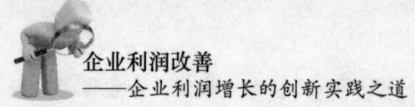

企业利润改善
——企业利润增长的创新实践之道

在这五年当中,美团不仅持续领跑团购市场,还在电影、酒店、外卖等垂直领域确立了领头羊的地位,成为全国最大的综合性生活服务平台。到目前为止,美团已覆盖全国1015个城市,占据了团购市场60%以上的市场份额。

美团猫眼是国内最大的电影O2O平台,2014年交易额达到50亿元,全国每卖3张电影票,便有1张出自猫眼电影。而在酒店领域,美团已是国内最大的移动端酒店预订平台和第二大酒店分销平台,2014年交易额达到55亿元。美团外卖更是全国最大的外卖平台,日订单量超过150万,在高校市场的份额达70%。

在政府大力支持和市场巨大需求的双重推动下,美团这样的O2O平台面临的是更广阔的发展空间。2014年,美团全年交易额突破了460亿元,在2015年新年伊始拿到7亿美元的融资之后,美团在2015年的交易额将超过1000亿元,并计划于2020年实现万亿元交易额的目标。

在谈到美团的成功运作时,美团COO干嘉伟认为,美团创始人王兴的每一分钱都会花在刀刃上,而让美团最终能率先上岸也是赢在综合运营效率上。

美团之所以能够让顾客和商家双方实现共赢,原因在于其"三高三低"的经营理念,即在生活服务电商这样一个"高科技、低毛利"的行业里,美团用"高效率、低成本"的运营方式为顾客提供"高品质、低价格"的产品与服务(见图2-1)。

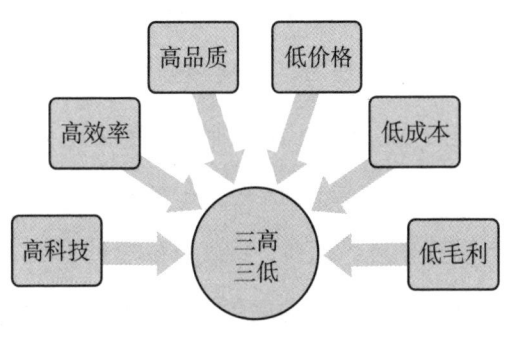

图2-1 美团的经营理念

成功的企业会根据外围环境的变化、商机的捕捉、资源的整合设计商业模式,通过规范的流程向市场提供产品与服务而赚取利润。商业模式设计了企业盈利的逻辑,流程的规划与梳理搭建了企业的承载能力。企业没有相应能力承载,再好的商业模式都无法落地,可以说,规范的流程是企业整合资源的基础,是连接企业与市场的桥梁,更是顾客价值体验的保障。所以设计经营流程需以打造行业核心价值诉求为纲,以设计的商业模式为本。

企业经营流程始于顾客提出需求,终于顾客接受产品与服务,中间是企业内部各生产经营要素的整合与完善。

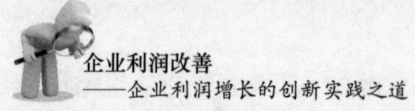

表面上经营流程没有什么特别之处，可合理的流程设计不仅能够提升顾客体验感，还有可能提升企业要素使用率及企业利润。

在顾客提出消费需求方面，企业在流程设计中应该考虑能否极致地方便消费者，以增强顾客的体验。随着互联网工具越来越普及，以及互联网技术越来越发达，通过手机 APP 可以实现很多以往必须到现场才能实现的事情，如以往到电影院选位置，现在直接就可以通过手机 APP 实现。

为了给顾客提供更多的增值服务，很多 APP 还融合了与消费服务相关的许多生活百科功能，如电影院方面的新片咨询、经典影片解说等，母婴平台的孩子健康咨询、奶粉食用不适解答等，平安保险的医生专家提供健康咨询等，通过一系列的嵌入式增值服务，增强了消费者与企业之间的黏性，也为消费者提供了诸多方便。

图 2-2 的经营流程是某企业的主业务流程，涵盖完善的售前、售中、售后，通过此流程，将市场与企业内部各关键生产要素关联起来。顾客手机端 APP 中有美容问题百科及专家解答功能（产品部负责），企业可以通过这两个功能与顾客之间建立黏性，顾客一旦有美容方面的问题就可以通过这两个模块进行查询或咨询，从而增强了顾客的价值体验感。

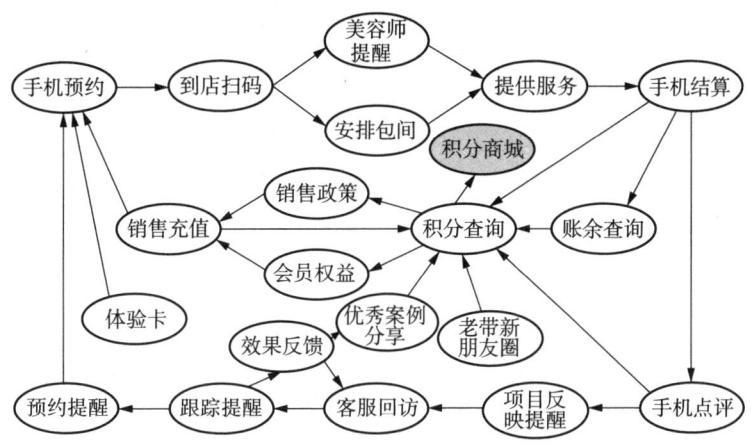

图 2-2 某企业的主业务流程

售后功能方面，为了让顾客放心消费，顾客可以通过手机端进行账余查询及对账。

该企业设计了积分与促销、服务关联的模式，顾客只要通过手机端进行支付、手机端对服务进行点评、老顾客带新顾客、顾客享受服务后将前后效果通过手机 APP 上传分享就可以得到积分，不同的积分对应着不同的会员权益，享受着不同的折扣，会员等级越高享受的折扣越高，在每年年终大型促销活动期间，不同会员等级享受不同的折上折的权益。

会员积分除了与会员权益绑定，还与该企业的积分商城关联，通过积分可以兑换企业的不同产品，也可以兑现

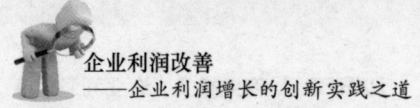

与该企业异业联盟的其他企业的相应产品。

通过售后流程的梳理,通过会员权益的设计及商城的建设让利于消费者,增强了顾客价值体验感。

企业提供产品与服务,必须有序地组织并整合内部资源,缩短各岗位流程点之间信息交换的链条,通过产品与服务的提供满足消费者的物质需求与精神需求。从企业接受消费者需求开始,企业内部任何环节都要站在消费者的角度设计,极致地满足消费者的要求。

企业经营流程的规划与设计涉及售前、售中、售后的环节设计,科学合理的流程设计除了能够通过服务或销售效率的提升提高顾客的感知,还可以提升内部的运营效率,减少企业内部的运营成本。

◎ 成就行业巨头的最佳商业模式

顺丰快递是以低价切入市场的，通过较低的价格来吸引顾客接受其服务，通过不断聚焦于"安全与快速"核心价值诉求来提高顾客价值体验，通过12小时达、24小时达、冷链配送等产品设计与优化提高企业的综合毛利率，最终缔造了今天的商业帝国。

从表面上看，顺丰快递的商业模式并没有什么特别之处，无非就是低价揽客、高价收益的简单模式。但实际上最核心的还是做价值体验，如果没有聚焦于核心价值的打造，此商业模式成功的概率会非常低。

由此可以看出，能成就行业巨头的最佳商业模式，是聚焦行业核心价值的模式。如今的消费者购买的不仅是企业提供的商品与服务，更关注的是商品与服务背后的价值。所以，企业要想锁住利润的喉咙，就要回到商业的本质——通过具备价值感的商品与服务的提供来实现组织的盈利。

对于终端消费者,银行储蓄业务的核心价值诉求是资金安全和利息高,阿里巴巴推出的余额宝业务就是抓住了此价值诉求。

不管是顺丰快递还是余额宝,它们能够在行业中脱颖而出,就是因为其商业模式:抓住顾客关注的核心价值诉求进行聚焦与发力,以打造顾客感知度高的品牌形象,实现业绩快速飞跃,利润快速增长。

当然,各行各业都有各自的核心价值诉求(见表2-4)。

表2-4 部分行业的核心价值诉求

行业	核心价值诉求
快递业	快速、安全
储蓄业	资金安全、利息高
化妆品业	美白、安全
美容业	知心、有效
金融业	审核快速、通过率高
餐饮业	卫生、口味、安全

对于企业来说,核心价值的提炼并非易事。企业要真正站在消费者的角度思考,摆脱竞争对手的惯性操作模式,不停地问自己,假如自己是消费者会需要什么样的产品与服务。

韩都衣舍在开始创业时走的是前端销售、后端生产的传统服装模式，因经营压力的倒逼不得不进行系统的思考。

后来，基于产品小组的单品全程运营体系凭借"款式多，更新快，性价比高"的产品价值诉求，深得全国消费者的喜爱和信赖。

2010年获得"十大网货品牌"以及"最佳全球化实践网商"的称号；2011年3月，获得IDG近千万美元投资；2012—2015年，在国内各大电子商务平台，连续四年行业综合排名均排第一；2014年，韩都衣舍女装取得了天猫历史上第一个全年度、双十一、双十二"三冠王"，男装取得了天猫原创年度第一名，童装取得了天猫原创年度第三名；2014年9月，获得由李冰冰、黄晓明、任泉三人成立的Star VC的投资。

企业在打造最佳商业模式时，既要考虑顾客的核心价值诉求，也要考虑是否有可能抄底行业，进行行业颠覆——但凡传统的暴利行业都是有可能被颠覆的。一旦聚焦了行业价值，同时又通过行业颠覆让利于消费者，那么企业利润不高都难。

那么，企业应该从何做起呢？

1. 商业模式改造，提炼核心诉求

国内一家快餐企业通过厨房装高清摄像头实时上传云

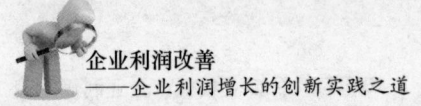

端的模式来实现卫生的监管，顾客通过手机 APP 随时观看厨房工作人员的操作过程，通过消费者自己的眼睛监督厨房卫生状况。

同时，该企业聘请五星级酒店的厨师满足消费者口味的需求，使消费者在稍高于便当的价格支出基础上享受到五星级的菜肴。就这么一家名不见经传的小企业，通过核心价值的聚焦，通过商业模式的改造，也得到了资本方的青睐，各轮投资源源不断。

2. 商业模式创新，颠覆行业竞争

众所周知，传统医美行业因行业政策限制及行业的不透明，一直属于公认的暴利行业，各家医学整形美容医院在强大的市场需求及利润空间面前，日子过得可谓美轮美奂。一般在行业景气的时候，行业内基本不会考虑变革，但一位来自搜狐公司的女性创业者终结了医美行业的美梦。

这位创业者切分医美行业医患事故率最低的注射玻尿酸业务，通过整合医师及玻尿酸上游厂家资源，通过手机 APP 终端，消费者可以选择医师和玻尿酸品牌下订单，并绑定保险公司托底医患保险业务，在顾客指定的时间与城市提供注射服务，既保障了效果，又有效地规避了安全隐患，同时还抄底了行业价格。

就这样一个不到20人的创业团队，在A轮融资就获得资本方几千万的风险投资，同时该创业者因其商业模式的创新，还受邀参加了中央电视台2套节目接受专题采访。

如今的市场属于有情怀创业者的天下，属于价值创造者的天下。如果企业没有很深入地对行业进行思考，没有真正地考虑顾客的根本诉求，没有深入思考顾客的消费习惯与消费变化趋势，没有将如何为顾客创造价值作为企业的根本立足点，仅是一味地模仿或抄袭，甚至投机性地进行圈钱，那么这样的企业注定不会走远，也注定会被市场淘汰。

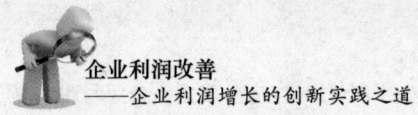

◎ **完善商业模式，助推业绩**

众所周知，企业经营的本质是通过价值的创造谋取利益，不管是何种商业模式的设计最终都是为了盈利。企业经营流程的设计实现了企业与市场之间的联合，通过不停地完善商业模式与经营流程的结合，明确了企业的定位及产品与服务的输出方式，但各生产要素凭什么愿意奉献自己为企业谋利呢？

哈佛大学商学院教授迈克尔·波特认为，"每一个企业都是在设计、生产、销售、发送和辅助其产品的过程中进行种种活动的集合体。所有这些活动可以用一个价值链来表明"。

企业的价值创造是通过一系列活动构成的（见图2-3）。

图2-3中的这些互不相同但又相互关联的生产经营活动，构成了一个创造价值的动态过程，这个过程就是价

PART 2 | 商业模式，企业利润之魂

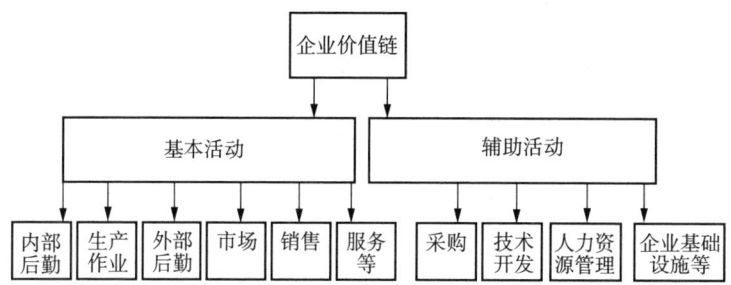

图 2-3　企业的价值创造活动

值链。

价值链在经济活动中是无处不在的，上下游关联的企业之间存在行业价值链，企业内部各业务单元的联系构成了企业的价值链，价值链上的每一项价值活动都会对企业最终能够实现多大的价值造成影响。

1. 清晰的经营流程和明确的利益链条

图 2-4 中的消费金融公司主要做手机分期贷款业务并通过贷款息差赚取相应利润。同行中不乏年销售本金达百亿的大佬，该企业如何在竞争惨烈的环境下生存呢？此类业务同行的销售模式是派驻店员到手机卖场，消费者到手机卖场买手机时，由驻店员对其推荐分期业务，此模式有其实用性，但是人员规模非常大，同时顾客填写大量的纸质表单，业务办理端导致顾客体验非常不好。通过行业研究及市场分析后，该公司改驻店员模式为巡店模式，即由

以往一个店一个驻店员的模式改成 N 家店一个办单员的模式，销售订单由驻店员办理转换成手机卖场店员与巡店员协助办单的模式。为增强顾客办单的体验感，将纸质资料办单转换成手机 APP 模式办单。

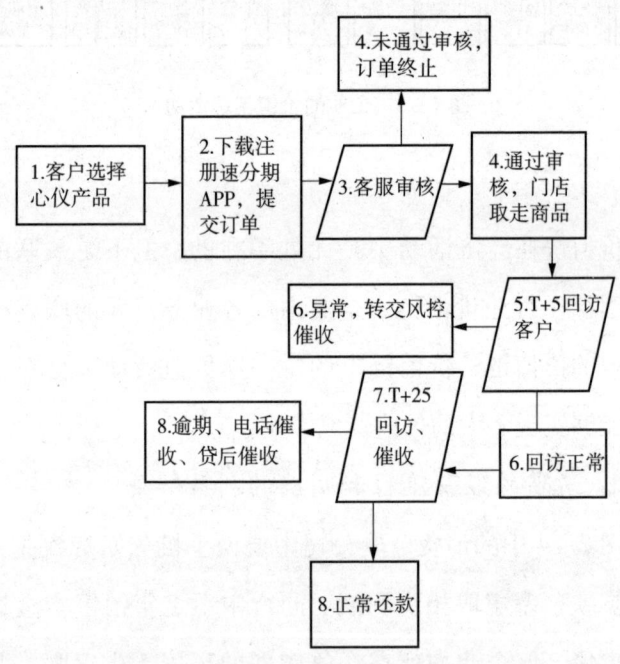

图 2-4　一家消费金融公司的经营流程

此模式成立的前提是手机卖场老板及手机店员支持，卖场老板及手机店员凭什么愿意协助该分期公司办单呢？所谓在商言商，既然是商业行为，就少不了利益的分割与绑定。该公司设计了向顾客推荐订单就有收益的机制,激励手机店员积极地向顾客推荐该公司的分期产品,一旦业务订单通过,该店员就可以得到相应收益,这样卖场店员就被导引到整个利益链条中了。如何将手机卖场老板绑定到利益链条中呢?如法炮制,一旦产生销售订单,该企业就按照一定的分期本金比例分配给卖场老板收益,这样卖场老板自然也被绑定到业务体系之中。

2. 明确各利益关系体的价值分配比

该公司通过不断完善商业模式来增强顾客体验感,以低毛利产品进行价值链分配,测算盈亏平衡点最大值,通过产品组合拉升综合毛利,营业本金达到盈亏平衡点最大值时,企业一定会盈利(见表2-5)。

表2-5 各成本所占信贷本金的比例

项目	占信贷本金的比例(%)
职工提成	4.50
销售返利	3.00
广告宣传费	0.20
审核、催收费用	0.87
差旅招待费	0.72
税金	0.60
市场激励	0.47
开办费	0.34

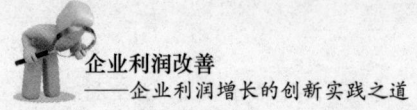

续表

项目	占信贷本金的比例（%）
咨询服务费	0.25
通讯费	0.14
水电物业费	0.18
费用合计	11.27
毛利合计	20.00
（含固定薪资）利润	8.73

3. 确定市场定编规则及固定薪资标准

企业市场竞争实际是企业综合能力的较量，作为影响企业综合竞争力的重要因素——优秀员工，对企业来说至关重要。如果员工固定薪资和提成比例小于竞争对手，人才竞争一般相对被动。企业要想在竞争中占有优势，薪资水平需略高于竞争对手，至少不少于竞争对手。

影响固定工资总额的不只是薪资标准，岗位的编制数也是重要因素。任何一个行业都会有编制设置规则，根据编制设置规则很容易测算出企业各岗位编制数量，但企业在不同阶段，设置规则也会有很大不同，如在市场开拓阶段一般按照市场规则确定编制规则，在市场成熟阶段一般按照相应经营数据作为编制设置规则，如大润发超市在新开业一年内按照店面面积、岗位职能等综合因素设置编制规则，一年以后按照收银笔数、岗位职能等综合因素确定编制规则。

该消费金融公司在市场开拓阶段按照拟合作的手机卖场的出货量确定店面属性,并按照各属性门店设置编制规则,市场运营半年以后按照每30单标配1人的标准设置市场巡店人员。

通过已知的岗位数、岗位薪资标准(含固定薪资)及产品的利润率很容易核算出企业的盈亏平衡点。

4. 价值链分配要充分论证

价值链分配是企业参与市场竞争、绑定利益关系体的核心政策,涉及企业的方方面面,一旦在市场运作过程中进行调整与更改(除非上调),会导致利益相关体的信任危机,不利于企业公信力的打造,影响企业及利益关系体生产要素的发挥,给企业业绩提升造成重大不利影响。

因此,价值链分配需要最高决策者及利益相关体高度重视,需要企业内部各关键岗位充分讨论,需要财务部门精细的核算,需要模拟数据的推理,一旦决定后,价值链分配规则将作为以后其他政策设计的准则及调整的依据。

价值链分配直接关系到企业利润的创造问题,很多企业在进入市场前没有很好地梳理价值链,导致头痛医头、脚痛医脚,最终导致利益相关体无所适从。

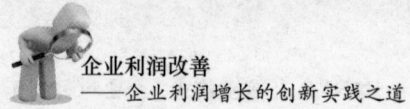

企业利润改善
——企业利润增长的创新实践之道

◎ 成熟的商业模式需要监督

商业模式、价值链梳理、流程节点管控等固然对企业业绩提升有非常大的影响,但如果市场端不能承载顶层设计的谋略与方案,企业的业绩提升及利润创造就没有可能。很多企业出现组织大脑和市场端平行运转的状况,企业决策经常传达不到市场端,经常出现"你说你的、我干我的"的经营怪象,整个市场基本处于自由发挥状态,没有规范标准,这样的企业别说发展了,能够生存就已经是奇迹了。

一般来说,成熟的商业模式要以市场分析为基础,不管是自建渠道还是在别人的成熟渠道上嫁接,都要对市场有充分的了解,最终确定市场排面的设置。

如果是自建连锁销售渠道的商业模式,那么每个连锁店面配置何种岗位、每个岗位什么工作职责、多少家店面配置一位市场管理人员、公司总部各职能部门与店面之间的沟通渠道及指挥方式、协作方式一定要明确，不然谁都可以对店面下指令，可能会导致店面无所适从。

如果是在别的渠道上进行嫁接，同样也要清晰地对各合作渠道进行分析及分类，在编制设置的基础上通过网格化的模式将企业工作人员与相应的渠道进行关联，做好对应关系。同时要梳理好各个网点与企业之间的沟通关系及指挥链条，协调处理好企业各职能部门与网点之间的协作关系。

市场排面是支撑企业战略的基础，一旦队形混乱，企业的指挥系统一定失灵，企业业绩提升也很难实现。很多企业对市场排面的梳理非常不在意，最高管理者没有这个意识，以快速解决当下问题为根本诉求点，不太遵守指挥链条与指挥规则，导致市场上各岗位不能发挥岗位赋予的价值，以致市场混乱，业绩不振。

公司在指挥市场运作时，要通过逐级下达的方式传达指令，最终传达到市场终端，除非在特殊状况或应急状况下才跨过部分指挥链条直接到市场终端，只有这样，才能保持市场排面的稳定性及指挥系统的连贯性。

市场有授权就应有必要的监督，如果市场排面上人都不在，即使有严密的对应关系也没有实际的意义。人员的更迭及区域的划分，短期的人员跨区域或门店的借调等都

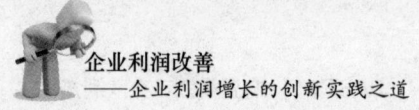

要考虑。如果公司不能实时掌握市场与人员的对应关系，那一定会给企业的经营管理带来麻烦。

市场一旦确立对应规则，首要工作就是保证人员异动与市场对应关系的有序管控，可以借助管理软件，在软件中明确市场与人的对应关系并与运营系统链接。但凡出现人员异动，不及时进行数据更新，业务将不能办理，这样会迫使企业修正市场对应关系，以保障信息的及时与准确。

笔者的朋友经营着一个连锁公司。为了监督员工的工作，他让我把他店里员工的考勤号码与店面编码进行绑定，但凡员工不在所属店面进行考勤作业，考勤系统就不予识别，唯有该员工原有门店权限人选择调出，调入门店确认该员工调入，该员工才能在新的门店考勤并开展业务。

对于分销模式的公司，也可以通过软件进行规范。

某消费金融公司的运营系统将员工考勤号码与区域门店编码进行了关联，但凡出现跨区域作业，非本区域的员工工号不能办理订单作业。除非由所在城市的负责人通过自己的手机端APP软件将人员与区域重新进行关联，员工才可以在新的区域内办理业务。

新入职员工也是一样,唯有城市的管理人员在信息系统里做好人与市场的对应才可以办理业务。员工上班一旦发现不能办理业务,一般都会与城市管理人员进行联系,通过不能办理订单的模式规范市场对应关系。

现在互联网工具越来越发达,可以借助微信或APP工具实时进行行为监管,如果是巡店式管理,但凡到每个网点就会在信息系统中留下痕迹,通过信息系统的监管让市场排面变得有序与规范。

对应人之后就是落实事情了,明确每个市场中对应人的具体工作内容。公司制定标准动作,市场在标准动作的基础上可以在一定范围内延伸自选动作,这样即保障了统一性又保障了个性,在培训及其他管理输出的支撑基础上,有效落实公司的战略意图。

成熟的商业模式需要监督。否则,一旦业务部有高管离开,带走大批骨干,就会给企业造成严重的创伤。所以对于市场中员工的薪资、晋级、晋升、调岗、淘汰等涉及员工切身利益的资源需要掌握在公司层面,通过信息化工具的开发与使用,实时了解每个员工的工作状态。当然,例行的督察监督也非常有必要。例如,中石化的神秘顾客、家乐福的三方检查等都是非常有必要的(自建监督检查联

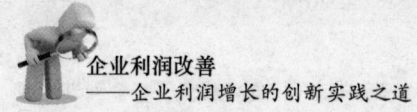

合巡检的机制）。监督也是以规则为前提的，明确了规则，监督方按照既定的检查方向进行检查，留存相应的原始资料作为考核的源数据，通过考核手段的应用，促进市场排面的完整性及组织管理的有效性。

◎ 体验式商业模式成为市场新宠

所谓"体验式商业",是一种有别于传统的、以零售为主的业态组合形式,更注重消费者的参与、体验和感受,对空间和环境的要求也更高。在这样的背景下,"体验式商业模式"应运而生。

一般来说,顾客价值体验来自于企业提供产品与服务的各个细节点的有效管控,来自于企业内部各资源的有效组织与整合,企业如何协调好内部所有资源来提升顾客价值体验感呢?星巴克的案例非常值得我们借鉴。

2008年,星巴克经历了创办以来最差的业绩,除了外围经济差之外,创始人霍华德·舒尔茨认为最重要的是品牌的核心价值受到破坏。当时的管理层一味追求的是增长和向华尔街交差的数字,这些原因导致公司远离核心价值,顾客体验受到破坏,让星巴克丢失了一批顾客,这些最终

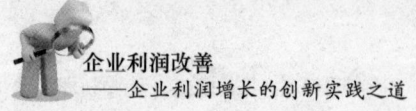

反映在业绩上。

于危难之时,霍华德·舒尔茨重返星巴克,担任CEO一职,通过一系列的改革,让星巴克起死回生,股价迅速上升了近十倍。

作为一家咖啡店,星巴克在不断完善并提升自身产品质量的同时,不断挖掘并打造独有的星巴克文化,讲求与消费者的精神共鸣。可以说,星巴克卖的不是咖啡,而是一种文化。正是这种体验式的商业模式,让顾客重新恋上了星巴克。

星巴克在客户体验层面的全面管理战略,着眼于全局的客户体验管理,从与客户接触的每一个触点出发,为客户打造好的体验,在潜移默化中向客户灌输品牌文化。

霍华德·舒尔茨对星巴克的改革如表2-6所示。

表2-6 霍华德·舒尔茨对星巴克的改革

1	用香味激发顾客的情感共鸣	霍华德·舒尔茨是最早提出Third Place(第三生活空间)概念的人,他希望通过咖啡的气味和环境,让人们把星巴克当成家和公司之外的第三个去处。

续表

1	用香味激发顾客的情感共鸣	霍华德·舒尔茨说:"香味也许是星巴克品牌中最容易被顾客感知的一面,它同样也增强了我们的核心价值观:提供世界上最高品质的咖啡。我们引进自动浓缩咖啡机的确解决了服务速度和服务效率的主要问题,但同时,我们也忽略了一个事实:这将使咖啡厅大部分的浪漫氛围与亲身感受大打折扣……由于我们运送及储藏咖啡的方式,在门店中,源自新鲜研磨咖啡的那种醇香、让人浮想翩翩的馥郁香气慢慢变淡直至消失。没有了它,星巴克就无法令顾客跳出他们的日常生活,沉浸在那个发生在遥远哥斯达黎加或非洲的故事中。"
2	提升牛奶和咖啡本质	霍华德·舒尔茨认为,咖啡是星巴克的核心,不要因为方便而牺牲对品质的追求,消费者对味觉非常敏感,尤其忠实的顾客们。这些营运上的细节,虽然不容易被察觉,但企业的管理层仍需时刻保持警觉
3	科技改善顾客体验	霍华德·舒尔茨很重视"顾客体验",认为它是核心价值中非常重要的一环,通过良好的体验,顾客才能体会和感受到星巴克所追求的核心价值。一般人的理解是,打造好的顾客体验需要花不少钱,而且对业绩还不一定有直接的帮忙。但其实星巴克通过提升顾客体验,不但提升了营运效率,也促进了营业额的增长。除了在产品和环境上用功以外,在数字媒体和科技上的投资,对提升顾客体验也有很大的帮忙。 当社交媒体已成为人们生活的一部分时,其实已经重新定义了人们链接在一起的方式。星巴克在科技和数字媒体上的投资主要通过和顾客的链接,了解他们的喜好、消费行为,提供更好的体验服务,留住顾客

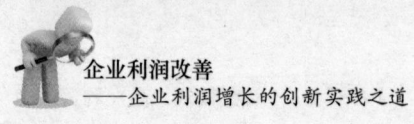

续表

4	引入 My Starbucks Idea，了解市场需求	霍华德·舒尔茨认为，只有伙伴（星巴克称自己的员工为伙伴）和顾客才是最了解星巴克的人，于是在 2008 年 3 月 19 日推出 My Starbucks Idea 网站，通过互联网收集用户意见，改善服务，增强顾客的"正面"体验。Idea 可以分为三大类： 第一类是和产品有关的，如新产品、咖啡味道等（Product Ideas）；第二类是和体验有关的，如店的环境、音乐、付款方式等（Experience Ideas）；第三类是和社区有关的，如社会责任、社区互动等（Involvement Ideas）。 霍华德·舒尔茨认为，员工的参与非常重要。星巴克为员工准备了一个博客（Ideas In Action），让他们撰写一些有关新产品、活动的意见，他们可以对新采用的 Ideas "指指点点"，加入改善或批评的意见，完善被采用的 Idea。过程完全公开、透明，让员工和顾客一起参与讨论，增加凝聚力。对于那些提供建议并获采用的员工和顾客，则成为星巴克最有力的"守护者"
5	免费 WiFi 营运逻辑	免费 Wi-Fi 虽然会导致不少顾客延长停留在店内的时间，但也同时开拓了三五成群一起来的顾客。他们除了品尝咖啡外，也希望有个地方让他们可以聚会、上网、分享照片和一些有趣的 YouTube 影片。在用户体验方面，不但提供顾客方便，还成功打造休闲的生活空间，让顾客可以自由舒适地上网

续表

6	以 Mobile APP 为核心来随时随地连接用户	Mobile APP 是星巴克移动策略的重心。因为人手一部手机,随身携带,是顾客最贴身的工具。如果 APP 做得好、功能够、使用方便,不但用户的使用率会相应提高,还可以通过 APP 产生的数据来分析消费行为,增加对用户的了解。不过,对于星巴克在这方面策略的解读,不应该单单以 APP 的功能而论,而是应该结合奖励计划(Social CRM)、POS 系统、预付卡、移动支付等一起了解,因为它们是独立的系统,但各自依赖,形成一个良好的循环。没有奖励计划,没有那么多人使用移动支付;没有整合 POS,没法做交易处理和消费分析;没有预付卡,单靠信用卡没法支撑移动支付;没有移动支付,整个 Mobile APP 就失去最大的意义。这种深度结合所带来的用户体验非常棒,除了在服务速度上有所提升外,所产生的数据也非常珍贵
7	My Starbucks Rewards™ 奖励计划,收集资料、促进消费	星巴克 My Starbucks Rewards™ 的奖励制度有点像航空公司的奖励计划,不同级别的会员有不同的优惠待遇,而且每年更新,因此必须不断消费才可维持会员的优惠。目前,My Starbucks Rewards™ 分为三个会员奖励级别,包括新星级、绿星级和金星级,按照会员账户中累积的"星星"数目决定会员级别,达到具体级别,就会收到适用于该级别的各种奖励。这个奖励计划没什么特别,但会员必须通过星巴克的手机 APP 登记已启动的星巴克卡才可以加入,变相迫使用户使用 APP(虽然登记即可获取中杯装或以上之手调饮品的"买一送一"的奖赏优惠),进而"引导"用户在不知不觉中使用 APP 上的其他功能,包括移动支付

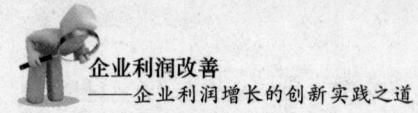

从表2-6我们会发现,霍华德·舒尔茨的改革之所以能够成功,是因为他将改革的重心落在顾客体验方面,并且体现在每一个细节上。

◎ 个性化定制,最走心的商业模式

2013年底,冯小刚携娱乐圈大腕拍摄了电影《私人定制》,虽然票房不太理想,可"私人定制"这个词竟然成为年度热词之一,其能量辐射之广,令人咋舌。这个词从电影界到电视节目,甚至影响了我国的食品界,包括酒水、饮料、方便面、休闲食品、土特产等诸多子行业在内的各地企业。这些企业为了迎合市场,纷纷响应,并且推出了各自的"私人定制版"产品,开启了个性化定制商业模式。

目前,"个性化定制"被誉为是未来最具影响力的商业模式之一。那么,什么是个性化定制呢?

顾名思义,个性化定制是用户介入产品的生产过程,把指定的图案和文字印刷到指定的产品上,用户获得自己定制的个人属性强烈的商品或获得与其个人需求匹配的产品或服务。

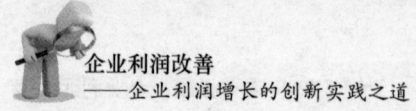

定制是企业品牌品质和文化的提升,也是企业在品牌文化体系建设的过程中更丰富、更可靠的内涵。对于顾客来说,定制任何产品都是一个非常愉悦的生活经历,不是为了炫富,不是为了身份象征。在这个世界上,每个人都有属于自己的时尚密码,而标准化和规模化的产品永远无法完美地表现自我,这就是定制风潮应运而生的原因。

有人称个性化定制是最走心的商业模式,因为它是在每一个顾客需求的基础上,来为顾客提供服务的。只要你有电脑和智能手机,不用出门,就可以在网上预约,让设计师上门量尺寸;只要输入你的喜好、心理价位,一套设计方案就能从上万个云端解决方案中优选出来,推送到你面前……

尚品宅配是广州尚品宅配家居用品有限公司旗下品牌,是一家强调依托高科技创新性迅速发展的家具企业。尚品宅配成立于2004年。

在谈到公司的商业模式时,尚品宅配副总经理何裕炳说道:"如今,选择尚品宅配全屋定制的用户,每天大约有4000个。"

公司把这些订单从遍布全国的1000多家加盟店,输入到尚品宅配佛山工厂的信息系统后,通过合并批次、二维码生成、信息化编程，进入数控中心完成开料、裁切、封边等工序，然后打包发运。半月后，顾客需要的一套定制家具就能上门安装了。

另一个使用个性化定制商业模式的是青岛的红领集团。

在青岛红领集团的西装大规模定制工厂，电脑比缝纫设备要多，每个工位前都有一台识别终端，流水线的前端还设有数字化订单中心；这里的布料由裁床自动裁剪，裁剪好的面料和内衬都贴着电子标签；别看这么多的西装，却没有一件是相同的。西装的主人来自全球各地……

大规模定制让企业尝到了新商业模式的甜头。尚品宅配的生产效率是传统模式的8～10倍；材料利用率由行业平均85%上升到93%；出错率从行业平均水平5%～8%下降到1%以下；成品更是零库存，年资金周转率提升到10次以上，超过传统同行2～3次的平均水平，企业销售收入连续多年实现50%以上增长，其利润令同行叹为观止。

尚品宅配、红领的成功，带动了索菲亚衣柜、欧派橱柜、报喜鸟服饰、康奈鞋业、海尔等一批企业向大规模定制转型。国美、阿里等大型零售商和互联网平台纷纷效仿跟进。国美2015年的销售商品中有32%由其完全主导选型、订单和定价，2016年，这一比例提升到50%以上。

个性化的定制，主要是通过产品组合的理念设计产品，关键是在商业模式设计的基础上进行产品的升级与延伸，需要市场推广人员了解顾客的需求，通过系列产品的输出实现毛利空间的提升。

产品力就是企业竞争力，产品的好坏直接关系到企业在市场上的表现，产品经理再也不是可有可无的岗位。重点关注不同顾客的需求，开发有个性的产品，不仅决定了企业效益的现在，更决定了企业的未来。

PART 3
销售策略,企业利润之源

企业能否将产品变成商品,换回货币,在很大程度上取决于销售策略。企业要从销售上抓利润,更好地满足顾客需求。

◎ 客户分层，为企业提供更多利润机会

2015年，发生于日本的中国人采购马桶盖事件震惊了国人，引起了国人的思考，难道我们泱泱大国连个马桶盖都生产不出来吗？

这些问题更值得企业家思考。都说经济环境不好，企业经营压力大，但是，企业面临的这些压力，是不是错位经营的问题呢？

也就是说，我们提供的产品与服务不是顾客需要的，或者是被顾客淘汰的。不然为什么有那么多的国人跑到德国去买锅碗瓢勺等产品？为什么那么多消费者选择代购奶粉甚至引起我国香港地区政府紧急出台限购政策？

图3-1是来自国务院发展研究中心的一份研究报告，我们从图中可以发现一些端倪，随着我国经济的持续发展，已经沉淀了相当一部分中产阶级，他们有了一定的经济基

础，可国内供给能力不能匹配。

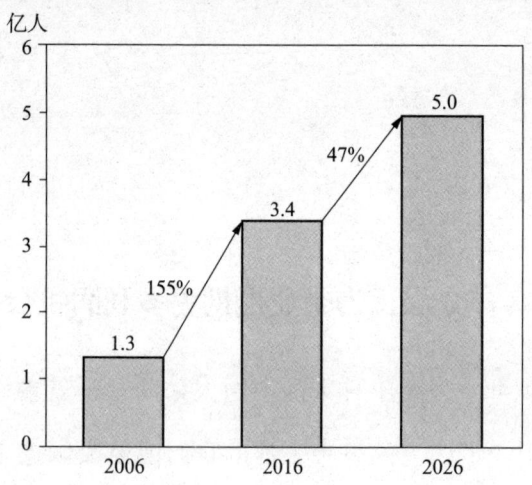

数据来源：国务院发展研究中心。

图 3-1　中国中产阶级人口数量预测

随着90后群体踏入社会，该群体逐渐成为国内重要的消费群体之一，价值诉求的满足成为90后群体的消费诉求核心，传统的"物美价廉"的经营理念受到了严重挑战，消费诉求从以前的价格优先让位于品质追求。

企业经营的"二八原理"告诉我们，20%的顾客为企业提供了80%的利润。相对于企业庞大的顾客基数而言，企业拥有的盈利顾客数量非常少。从长期来看，有些顾客群体的终身价值（盈利能力的折现值之和）可能是负数。就盈利能力而言，并非所有顾客对企业都有吸引力，并非企业所有的顾客都应该得到相同的对待,企业要更准确地选择目标顾客群以提高竞争力。目标客户是企业利润的基石。可以说目标客户管理是对未来业务的一种投资。

Lily 是一家定位于年轻 OL 商务时装的女装品牌,具有清晰的品牌定位。2012 年,Lily 在天猫开店。Lily 以往对顾客群只是简单的"老客""新客"这样的区分。老客用"重定向"等方式找回和激活,新客的主要获取方式是平台的活动和低价促销。但实际上,不同人群对品牌的接受程度差异非常大(见图 3-2)。

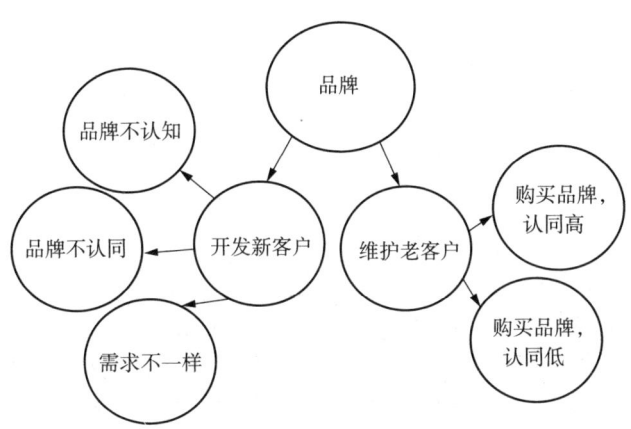

图 3-2　不同人群对品牌的接受程度

从图 3-2 中我们发现,在购买的老用户中,既有对品牌认同的,也有因为低价促销而被吸引过来的价格敏感型的消费者,这类消费者对品牌认同度并不高;而在开发的新用户中,竞品的忠实粉丝是很难被影响的;有些则是有了需求,但可能连品牌都不认识。"新客""老客"这种基于品牌立场进行的消费者划分,属于流量经营的思路,而不是用户运营。

要解决这个问题,可以采用以下方案:

1. 对消费者进行分层

品牌可以根据人群与品牌的远近关系,对消费者进行分层,不同人群反映消费者对品牌不同的接受程度(见图3-3)。

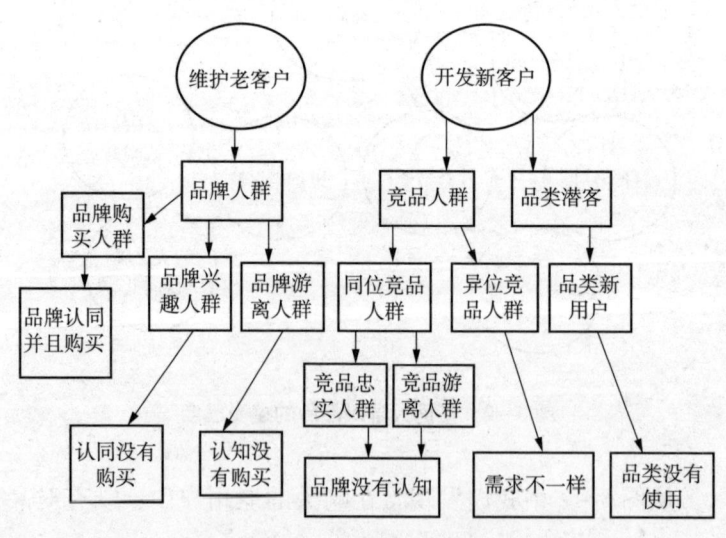

图3-3 不同人群反映不同的品牌接受度

2. 确定重点营销人群

基于品牌不同人群的规模，明确品牌不同品类所处的市场阶段及竞争力状况，确定重点营销人群及对应的营销目标（见图3-4）。

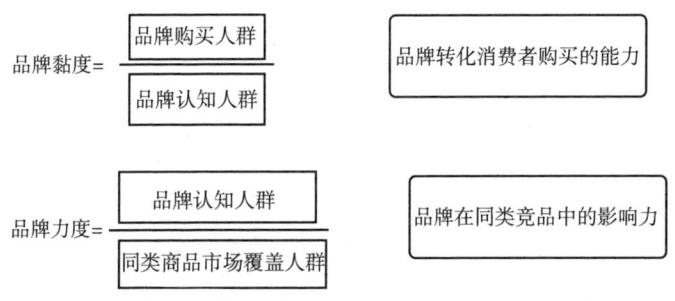

图3-4 品牌市场竞争力评估指标公式

从图3-4中我们可以看出，"品牌黏度"能反映品牌转化消费者购买的能力，黏度越高，品牌转化兴趣和游离人群的能力也就越强；"品牌力度"反映品牌在同类竞品中的影响力，力度越高，品牌转化竞品人群的能力越强。女装的二级类目众多，具体到Lily天猫旗舰店，旗下共有24个女装子品类，不同品类所处的市场阶段和竞争力也不一样。

Lily旗下的11个品类，如连衣裙、衬衫、短外套等，品牌黏度高，但由于品牌的力度偏小，导致这几个品类主

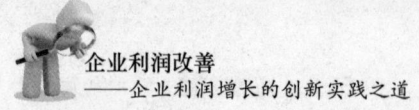

要的营销目标是建立品牌在同位竞品中的认知度和影响力。

对于毛外套、毛衣等品牌黏度低但品牌力度高的品牌，其营销目标则是提升品牌认知人群的购买转化。

3. 确定不同品类的营销目标，不同人群匹配不同的沟通内容

由于不同人群有不同的特征属性及行为特征，所以，不同的人群对品牌有不同程度的认知和偏好，品牌需要在不同营销目标的前提下沟通不同内容。

表 3-1 Lily 不同人群的规模及 ROI

参数	品牌购买人群	品牌兴趣人群	品牌游离人群	同位竞品人群	异位竞品人群	品类新用户
ROI		7.13	3.26	0.24		
人群规模	8万	182万	124万	957万	3014万	10000万+

如表 3-1 所示，Lily 的品牌购买人群原来有 8 万，但随着发展，人群的规模会越来越大。由此来看，品牌有很大的潜在购买用户增长空间。与此同时，人群的转化难度会变得越来越大，ROI（投资回报率）会越来越低，需要更大的营销预算投入进行人群的培养以实现转化。此时，品牌需要做的是要因人而异，即"对不同人，说不同话"。

除此以外，品牌根据不同层级人群的转化率，可以制订全年的人群规划，把品牌的销售目标转化为人群目

标（见图3-5）。

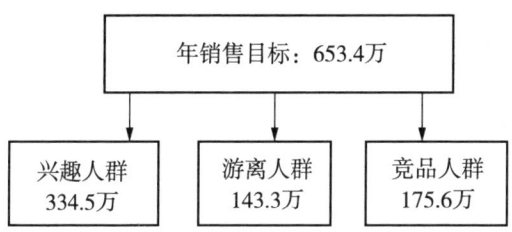

图3-5 把年度销售目标转化为人群目标

在这里要提醒的是，销售计划转化为人群计划时，要考虑到人群的转换过程。因为如果只考虑品牌认知人群，ROI（投资回报率）是高，但品牌新用户规模就跟不上，这样销售的持续会有问题。

在投资于游离人群、竞品人群时，一方面是直接转化成销售成果；另一方面是把远距离人群不断地向品牌拉近，扩大品牌人群规模，为品牌持续培养新用户，实现销售的可持续性。

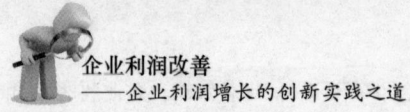

◎ 体验式销售满足顾客精神诉求

体验式销售,就是通过体验的形式进行销售,让你的客户亲自感受你的产品,多见于保健品或保健器材的销售。

体验式销售与体验式商业模式在本质上是有区别的。体验式销售,大多是指产品,顾客在体验过后,感觉好,就花钱买。而体验式商业模式,更注重于空间的体验,例如,最常见的就是那种以休闲娱乐为主、购物为辅的城市购物中心,一般坐落于城市的次中心,大型的生活居住区或旅游区附近。

随着我国市场化程度越来越高,顾客越来越专业,商品的功能也被重新定义,比如,衣服不再仅是遮体的布料,更是身份、形象等精神层面的载体。尤其是当下的女性顾客,满衣橱的衣服,但每天早晨上班的时候,还会觉得没有合适的衣服穿,特别是在参加非常重要的宴会时,这种感觉更加明显。

笔者的学员小荷,是90后的创业者。她开着一家服装店,开业不到一年,就因为资金周转不开,出现了破产的迹象。

"李老师,您看我的店还有没有救?"

恰在此时,我的另一位学员D,正有一笔闲置的资金想投出去。我就把他们叫在一起商量。我建议小荷改变她公司的销售方式,改成体验式销售。

小荷的服装店是针对85、90后这类年轻人的。这些年轻的顾客,对小荷店里的衣服款式很认可,唯一感到不满的是,穿出去后总是跟别人撞衫,影响自己独特的美,让自己心里不爽。

"你把店重新进行装修,要有试衣间、镜子,另外还可以放上几双搭配不同衣服的鞋子,让顾客试不同款式衣服时穿。再多放几把椅子,备上茶水,顾客累了可以饮用。再放一些时尚杂志,播放音乐。"我说,"到时,顾客进去后,会有一种精神上的满足。"

"更重要的是,你可以多进款式不一样的衣服,每件最多进两件。""你若这样做,这个项目D为你投资。"

小荷的服装店在整顿后开业不到一年,顾客盈门,月销售利润猛涨。现在，小荷和 D 正在打算开分店。

"耐克"作为品牌商品，之所以如此有名气，是因为它实施的终端体验销售。可以说，位于纽约耐克公司的"耐克体验中心"是体验式销售的成功典范。

在美国，你一进入位于纽约的"耐克城"，你就会产生令你精神振奋的体验——让你仿佛置身于一个体育运动博物馆和信息中心。

顾客在这里，对耐克品牌最直观的印象就是"自信"。在这里，耐克运动鞋是按尺码陈列于大房间四周的搁架上的，存货被放在陈列品下方墙里面。你可以先挑选你喜欢的运动鞋，然后再在下面寻找适合你的尺码。更重要的是，你能立刻获得最新的体育赛事结果，或提出要求取得有关体育人物如卡尔·刘易斯、乔丹等的录像和音带信息，用旋动识别为标记的信息亭加强了"自信"这一主题。

进入"耐克城"后，你会进入一个想象中的世界，体会到体现体育力量和运动的美学理念。从旋转门进去，仿佛是来到了体育赛场现场，眼前是七台录像机，其中有些正直播着体育赛事。

体育馆的这种风格强化了体育的主题。开放式正厅给人一种体育馆的感觉，地板上铺着的毯子像一个篮球场，外部墙砖，木制的座位、时钟以及保护性挡球网……所有这些设计，都是为了创造出高技术与不同凡响的运动表现相匹配的整体印象。

"耐克城"为顾客提供了更为个性化的体验，其经营方式超出了一般销售产品的意义。它不像是在销售，更像是在健身、激励和推动人们奔向成功的地方。

当你置身于这样的环境时，会给你的眼、耳和指尖带来意想不到的惊喜，既给人们带来健康知识和体育历史知识，又用鼓舞人心的话语和关于人类成就的故事来催人奋进。正是这些来自感官与情感的冲击，让人们体验到了唯美的感觉。

正是这种体验，才让人们对"耐克城"流连忘返。有了这样的感情，人们自然愿意花钱买下"耐克城"里的商品。

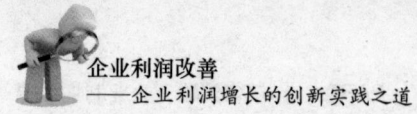

企业利润改善
——企业利润增长的创新实践之道

◎ 追求个性，拓展销售渠道

在竞争日趋激烈的市场，顾客越来越追求彰显自我个性的标签与载体，例如，子女亲手为父母制作的生日蛋糕，不再是简单为父母祝寿的商品，更是子女对父母深深的爱；父母带子女参加一些体验式旅行也不仅是看风景，更多的是通过体验活动达到对子女的教育目的。

顾客希望通过自己的参与给予产品新的价值，例如，小夫妻希望能够在新装修的房间内融合更多的个人因素，女士希望自己穿的服装有更多的个人设计元素，更能够张扬个性。正是顾客的这些需求，带动了商业的变化，各种DIY的商业模式如雨后春笋般产生，大数据技术、AR技术让参与体验的成本变得越来越可控，同样也延伸了参与体验的使用范围，商业越来越向个性化方向发展。

家住上海的85后孙文丽，是一位全职妈妈。最近，她定期去一家烘焙坊上课，学习甜点制作，顺便买点自己喜欢吃的蛋糕。

"以前没接触时，不了解用料和服务情况，就不敢买。"她说，"直到参加了甜点制作课程后，买东西就放心了。"

像她这样的，因为喜欢店里个性化的课程设计而成为购买者的有很多。在商品质量有保证的前提下，这些顾客更在乎店铺环境的舒适度与心理诉求的满足程度。

在"体验为王"的时代，顾客的话语权越来越强，越来越愿意与商家分享商品或其他信息，顾客的视野越来越广阔，已不满足于传统的"提袋式购物"，而是更喜欢个性化购物。在互联网大潮的迅猛发展中，网店提供免费试用品给顾客并请其写出试过后的"报告"；网络"众筹"购物模式开启，顾客自己参与商品设计、原料选择、产品定价。

一件商品、一项服务能否推销成功，是以用户的感觉为前提的。商品是否具有与顾客匹配的个性，直接决定顾客是否来埋单。商品的个性化设计，将直接影响经营者的口碑和商品的进一步销售。

"互联网+"时代，要留住顾客，经营者至少要掌握个性化消费需求的"大数据"。如果经营者不知道市场流行趋势，不了解如今消费者的购物"口味"，就很难让顾客

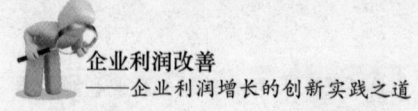

满意。

90后女孩小洁,大学毕业后没有找工作,而是在一个闹市区开了一家独具风情的小店,店内除了提供茶点,还提供咖啡。小店每天会新添一种茶点,供客人免费试吃。

小洁的店虽然不足30平方米,但环境幽雅,服务员身穿统一的工作服,不管你在店里消费多少钱,服务员脸上总是挂着亲切的微笑。

说实话,小店的茶水、茶点价格很高,但每天都客满为患,营业利润一个月比一个月高。小洁的表妹也在闹区开饭店,有100多平方米,客人也不少,但每月的营业利润远远没有小洁的高。

现在不少消费者购物追求个性化、差异化,相比大商超的千篇一律、价格高昂,他们更愿意沿着一条小街,慢慢搜寻中意的特色小店,把购物当成一种消遣和"寻宝"的过程。

所以,作为创业者,不要担心自己的店小,只要你不吝惜温暖的笑容,免费品鉴也好、进店有礼也好、现身说法也好,只要能让顾客的眼睛发出惊喜的亮光,愿意拿起来试吃、试戴,并与你交流自己的想法时,你便可以"不动声色"地进一步推销了。

现在，很多人热衷于"移动支付"。所以，经营者不妨紧跟潮流，提供网络支付业务，并打造几款适合不同顾客群体的商品组合，让顾客真正感受到实体店购物的便利。经营者还可以联合其他商家，整合不同资源，共同开展品牌宣传互动，如品牌文化理念有奖征集、玩游戏送惊喜、变废为宝等活动，让顾客有立刻参与的冲动。

有一句话：顾客的注意力在哪儿，钱就在哪儿。传统的广告投放模式是花钱投给广告公司，而现在很多企业将钱直接花在用户身上，即用钱去"购买"他们的注意力，让有影响力的用户变成活的广告媒介。

店铺虽小，同样可以参考这样的做法进行探索，比如拿出一部分货源或资金，开展真正能让顾客接受的推广活动，最大限度地接近顾客。无论多么先进的互联网技术，都无法代替人与人的交流与沟通。这便是体验的魅力，也是实体店优于网店的关键原因。

"苹果公司"创始人乔布斯说过，在信息时代，你的成果会被很快复制，但你与客户沟通的方式、你遵守承诺的态度以及与伙伴合作的方式无法复制。可见，小小实体店也能在不丢失固有特色的基础上，成为一个与顾客有多种"接触点"的社交平台和体验门店。

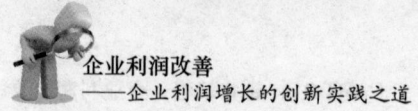

◎ 顺应人性,增加趣味性销售

商业行为就是顺应人性的探索过程,从能够满足顾客有形的物质需求到精神层面的满足,企业在不停地探索。趋利是人类的基本诉求,顾客不希望被欺骗,希望货真价实,希望商家能够童叟无欺。

《小时代》电影票房爆棚,为什么不被看好的一部电影如此叫座?原因就是电影内容与观众形成了情感上的共鸣,影片活灵活现地展现了人性中不为宣扬的价值主张。人性和商业行为不再是两个泾渭分明的楚河汉界,而是有效的结合,这样更能够萌发顾客心灵深处的那份曾经矜持的冲动,产生更多、更有效的商业行为。

说到微信,大家都不陌生,与红包应运而生的各种表情包,也是发挥了中国人的各种智慧和无限遐想,微信无疑已经成为大多数中国智能手机用户不可或缺的APP,微信红包更是这款成功 APP 中的好产品。

2005 年 3 月 16 日，腾讯收购 Foxmail 软件，张小龙加盟腾讯公司，担任广州研发部总经理，全面负责并带领 QQ 邮箱团队。

2010 年 11 月 20 日，腾讯微信正式立项，由张小龙负责。他成功开发了微信这一划时代的产品，开创了中国移动互联网市场。微信自首次发布以来，在不到两年的时间里积累了 2 亿用户。

2013 年 7 月 30 日，经过为期一年之久的协作，微信同中国联通共同推出"沃微信卡"，实现 OTT 同运营商的合作破冰。这意味着在政策层面微信已经不会再面对之前热议的"差异化收费"问题。

微信红包为什么这么火？就是因为微信红包顺应了中国人的习俗乃至人性。从人性角度来说，人们在微信群中免费发个问候语，没能显示出"诚意"。但若发一个或大或小、随心所欲的红包，让大家在群里抢一抢、乐一乐，会让大家见识到你的"诚意"，并把微信群的惯例维系下去，各方都皆大欢喜。这种顺应人性的销售方式，充满了趣味性。

商业环境的变化，需要企业更多地理解与挖掘消费需求，以往的打折、买赠也是迎合人性诉求的商业行为，但随着此类商业活动的增加，顾客越来越不感兴趣，这不仅牺牲了企业的利润空间，还对品牌造成了一定的创伤。如果销售环节结合人性的特点，那就会变得趣味性十足。有的商家通过互联网手段的连接、众筹模式的使用等刺激消费冲动，但人性挖掘的力度还不够，还鲜有保持持续的黏性。微商模式终结了商品流通环节黏性不足的弊病，通过顾客与商家之间的角色混淆，以及可持续性激励模式的设计，将顾客、商家、品牌方建立了利益联盟。产品端、销售端与人性的结合刚开始，越来越多的模式有待挖掘与开发。

◎ 创意销售，让顾客爽快埋单

创意销售，带来销售额急剧上升，一份投入十分收获，让企业利润倍增。

创意销售的特点如下（见图3-6）。

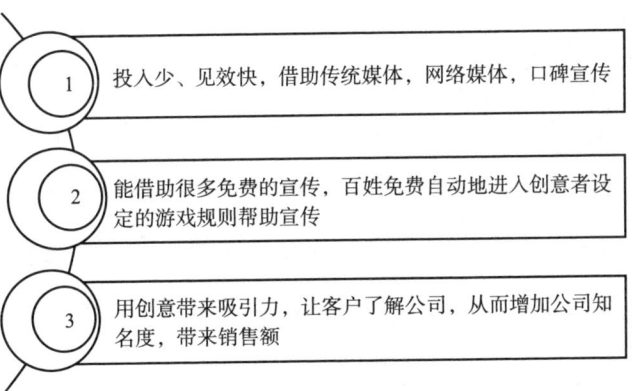

图3-6 创意销售的特点

互联网的出现抄底了传统的商业环境，以往通过信息差、地域差、时间差等模式存活的企业，在当下几乎面临灭顶之灾的危险。在渠道为王的时代，品牌商通过打击串货的方式保护经销商利益的模式在"扫一扫"软件面前变得苍白无力；以往通过央视标王的方式提升商品品牌知名度与美誉度的销售方式，在"朋友圈"面前也势能大衰，越来越多的顾客通过手机移动端查询商品的价格与品牌口碑，每个顾客都有可能通过自己手机移动端表达对某些品牌或商品的好恶感知，商家的粉饰与包装不再是衡量商品好坏的标志，最多是信息传播的载体或吸引眼球的玩物。

市场的透明迫使市场规范的提升，以往的暴利时代在当下一去不复返。顾客在为品质埋单，品牌的忠诚度越来越低。企业不断地通过品质提升来打造品牌，但又不能通过品牌红利让其一直获益，就像当今混娱乐圈的人一样，经过不懈的努力终于成名，可成名后如果没有可圈可点的作品的话，也将注定被沦落成过气明星。企业要想保持强劲的增长态势，必须时刻保持创业的激情，用充满创意的销售策略，来展示自己企业的实力。

Toms鞋之所以能深入人心，在于这个公司的创意销售：先是推出了"买一双鞋，就捐一双鞋"，接着，其美国鞋子公司又推出"只要赤足拍照，就捐赠一双鞋"。

这种充满创意的销售方式，让 Toms 鞋掀起一轮又一轮的热销高峰，在让公司实现了高利润的同时，又在市场上打造了名气，创立了品牌。

其实，早在 2008 年时，创始人 Blake Mycoskie 为了让更多人切身感受到没有鞋子穿的孩子所经历和感受的痛苦，他就发起过创意销售，比如：在卖鞋时发出"One Day Without Shoes（赤足一天）"的号召。

2016 年，Toms 在社交媒体上又发起了新的创意销售，即"One Day Without Shoes 2016"活动，为了扩大影响力，Toms 又专门把活动从美国带到中国。2016 年 4 月 28 日到 5 月 10 日，只要你在微博、微信、nice 三大平台中晒出你的赤足照片，Toms 就会为需要鞋的中国儿童捐一双鞋。

为了让顾客一起开启赤足晒照之旅，Toms 还专门推出了一个 H5 页面。首先上传一张赤足照，然后选择合适的滤镜与贴纸，之后你就可以分享你的赤足照了。

Toms 为了呼吁更多的人参与进来，向大家承诺只要集齐 10000 张图，他们就会捐助 10000 双鞋给中国地区的小朋友。同时，为了感谢各位赤足达人，Toms 还从官方微博、微信、nice 中分别抽取 1 名幸运粉丝送出 Toms 十年有成纪念版精美鞋履。

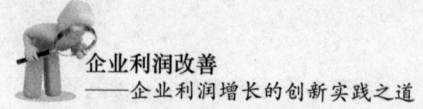

Toms 设计的整个信息的传达路径非常完美，从创意到活动表达，再到最终的顾客得利，整个销售过程设计得非常精美，让顾客的钱花得放心、称心、暖心。这样的创意销售，企业不赚钱都难。

对于企业来说，创意销售让企业招徕很多顾客，为企业赢得了利润。现在，国内一些品牌服务企业，也开始将生产各环节成本结构开放给顾客，让顾客明明白白地消费。

安徽一家快餐连锁品牌——老乡鸡的新一代店面，就自信地将厨房开放给顾客来观看。顾客在店里等着用餐时，可以随时到后厨去观看，除了看他们做饭的餐具是否干净外，还可以观看他们洗菜、用的是什么油，以及炒菜的过程。

他们这种颇具创意的销售方式，是为了让顾客"吃"得放心。事实也证明，这种充满创意的销售方式，吸引了很多顾客来就餐。

聚焦品牌是一个系统管理的过程。虽然许多品牌在定位上做了很多努力，但品牌还是无法顺利地越过前方的陷阱。这涉及一个严肃的问题——品牌并不是定位那么简单。这就是创意销售的好处，能让企业靠着一个点子在赚钱的同时，打出自己的品牌。

◎ 灵活销售，吸引顾客

iPhone 手机，相信大家都不陌生。iPhone 手机不仅外形精致，而且操作性流畅，功耗少更省电，不用清理后台，稳定不易死机等，同时，还具备不错的影像系统。iPhone 手机之所以深得顾客青睐，是因为苹果产品战略的本质，其实就是用灵活销售来吸引顾客。

乔布斯的理念是，苹果的产品是个人工具，帮助个人解决问题。苹果没有选择机构或企业作为其客户，而是以个人作为目标客户。事实上，苹果公司从未成功地推出过面向企业的产品，这使得苹果公司专注于对产品的灵活设计上。

从某种意义上讲，苹果公司的成功，来自对人们如何使用电脑设备的透彻理解，以及开发"酷毙了的产品"的高度承诺。

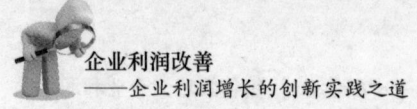

作为一个电子消费品企业,苹果公司除了始终坚持不变的满足顾客的需求外,更重视用灵活的销售方式来吸引顾客,他们不断推出能更好满足顾客的产品,即使在产品非常畅销的时候也依然推陈出新。这种灵活的销售手段,使得苹果公司的产品一上市,就吸引了顾客的眼球。

爱鲜蜂创始人兼CEO张赢说:"消费者现在重品牌、重品质、重服务、重享受、重个性化,重精神体验和有温度的服务,要满足用户随时、随地、随意的消费意愿,这是我们对消费升级的理解。"

几年前,笔者的一位朋友开实体店赔了钱,找我商量,看看有什么赚钱的行业。我提出让他利用微信公众平台做微店销售。那时,微信刚刚兴起,他觉得不靠谱。我对他说:"销售有很多手段,我们要灵活运用。销售方式越是灵活,越能吸引顾客。"

当时他觉得微信销售不用花钱租店铺,就怀着试试的心情来做微店销售。他先着手对微信平台进行建设。

最开始,吸引粉丝是最重要的问题。因为微商就是靠着这些粉丝赚钱的。如何才能吸引粉丝来关注呢?

笔者分析后建议他去找一些做淘宝的朋友进行合作。对于他来说,习惯网购的人群正是他的精准客户。

他花费苦心制作了好评返现卡，在卡片上印上他的微信二维码，并把这些卡片免费发给那些做淘宝的商家。两个多月后，他的微信平台积累了 3 万多的粉丝。

之后，他每天发一些软文，这些软文大多是女性关注的文章，比如服装、打扮、美容、生活、饮食等，偶尔还有一些情感类的软文。渐渐地，开始有粉丝问他，怎么网购这些货源？

在通信方便快捷的互联网时代，要解决货源太容易了。货源可以直接在网上购买，图片也可以从网上下载，只要在微信平台上推广的这款产品有客户下单。于是，他就从网上直接下单给客户快递过去。

他用这种灵活促销的方式，借助微信公众平台，每个月的微店收入都在上万元以上。

一家企业的销售利润，直接与顾客群挂钩。顾客买你的产品越多，越说明他们认可了你的产品。顾客认可，就会在不经意间为你在亲戚朋友间宣传。这时，即使企业的促销期已经过了，仍然会有顾客来买产品。如此一来，企业的利润就不会差。

PART 4
有效执行,企业利润增长之本

对于员工来说,执行力其实就是"做"的能力,能够准确的贯彻领导意图,高效地完成各项工作任务,通过提升业绩,来提高企业产品的利润。

◎ 组织资源的匹配提升业绩张力

任何企业，不同阶段的发展需要科学的人力资源管理策略来支撑。企业领导只有让员工在各自的岗位上人尽其才，才能使企业持续地发展。

我们经常会看到，有些企业规模不是很大，部门却很多，标准的头大尾巴小，很多部门基本没有实际要处理的业务。企业关系倒是非常和谐，但年轻人不愿意加入，即使加入，他们也不会久待。一些员工提前进入养老的状态，严重浪费了企业资源。

还有一些企业，规模已经很大，可企业组织建设得非常不完善，基本不能支撑当下业务规模，表现最为直观的是大家都感觉累，感觉有很多事情要处理，但一天下来发现没有几个实际问题得到有效解决，整个公司基本陷入混沌状态，大家没有规划、没有安排，导致整个企业员工执行力快速下降。

以上两种状态对企业来说都是不正常的。对于企业来说，企业组织资源的整合需要以企业相匹配为原则，需要围绕企业设计的经营流程设置岗位及相应资源，企业业绩的展现应以经营流程节点的有效管控为基础，这样能保证各部门员工执行力到位。一旦经营流程节点环节资源过于单薄或臃肿，企业发展就非常不利。

例如，某消费金融企业，其经营流程涉及人员如图4-1所示。

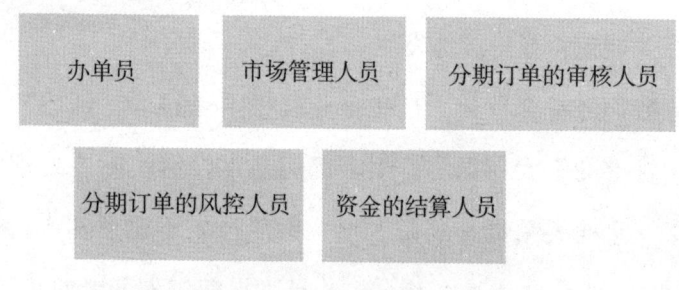

图4-1　某消费金融企业经营流程涉及的人员

图4-1中的岗位是该消费金融企业设置的岗位，企业有了这些岗位就可以正常开展业务了，他们属于首批必须到位的岗位，随着业务规模的扩大及经营管理的需要，会在经营流程基础上延伸其他部门及岗位，这样才能更好地对业务开展提供支撑与保障。

该金融企业要将资金放出去，并保证放出去的资金能够收回来，同时还要避免随着第一批款接近还款期，顾客因主客观原因不能及时还款给企业造成一定的困扰。为此在经营流程的基础上增设T+25返款提醒岗位和顾客到还款日没有及时还款的催收岗位。经营流程负责经营的过程延展，提醒和催收岗位负责逾期款项的提醒与催收。

通过催收数据的汇总及分析，员工发现某手机卖场办理消费分期客户逾期相对较多。如果在办单后及时知道哪家手机卖场出现参与套现的嫌疑，就可以及时地对该手机卖场进行预警或关闭，并提请前端销售人员加以关注，这样就不至于更多被套订单的产生，导致企业的损失，为此，在主经营流程中又增设了T+5回访岗位，专门对办理分期5天后的客户进行回访，通过专业的话术查明是否出现门店套现行为，但凡明确了套现的手机卖场，就立即联合风控部门将其门店关闭；如果有套现的嫌疑，就将该手机卖场作为重点监控对象并要求审核人员加强该门店订单的审核。

随着该金融企业业务的开展及市场问题的处理，围绕着经营流程又设计了相应岗位并逐步落位，但是这些岗位设置的前提是有相应的人才，这样又需要相应的人力资源岗位予以匹配。为了在市场开展业务，后台部门又需要相应的物料制作岗位予以匹配。企业围绕着经营流程、市场开拓、内部支撑，各岗位会相应被设计并产生，相应部门也同样相继延伸出来，如图4-2所示。

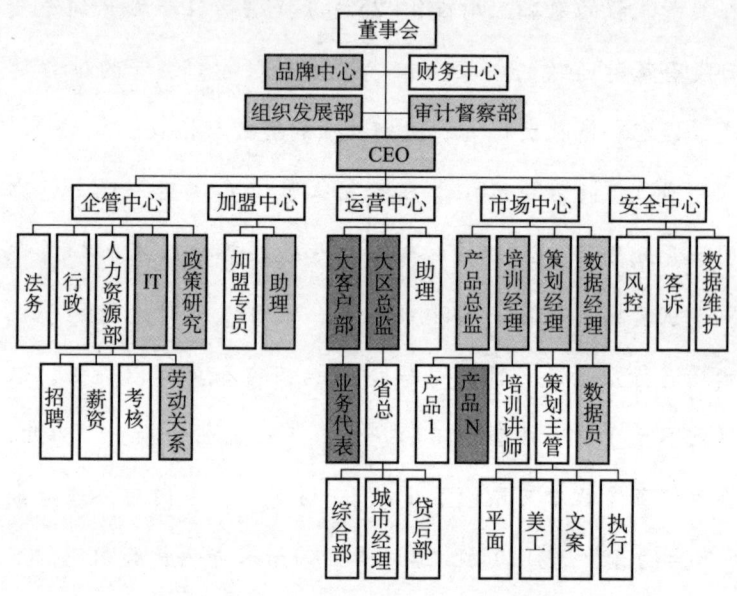

图4-2　某消费金融企业的组织结构图

图4-2是该企业通过行业研究及市场分析结合本企业特点设计的组织结构图，通过此图，我们能清晰地了解需要配置的岗位。由于业务还没有充分开展起来，很多岗位暂时不需要配置，不然会无谓地增加大量的管理成本。白色的部门及岗位基本都属于经营流程上的相应部门及岗位，或是非常重要的辅助岗位，是企业当下立即需要配置到位

的，深灰色的部分是未来一段时间需要到岗的岗位，浅灰色的部门是企业达到一定规模逐步到岗的岗位，各中心的VP角色一直预留，直到合适的人才出现。

业务的开展需要规则匹配，特别是岗位设置规则，企业需要设置不同业务规模对应岗位的设置，原则上指导整个市场排面的管理及资源的配置。例如：

月营业收入200万元以内者为高级经理，200万元以上者为城市经理，别看只是岗位名称的区别，职位的不同所对应的资源支出是完全不一样的。

企业岗位设置是需要充分考虑并事前做好预案的，我们经常发现规模很小的企业，各个分管老总一应俱全，试想，假如企业规模发展更大，需要更加专业的人才加盟时，特别是本身就带着资源与项目的高端人才加入时，企业给其什么岗位？没有位子，此人若要来，原位子上的人又如何处理？要避免这种情况，可以按以下几点来做：

1. 企业发展初期，配置匹配岗位要提前设置好

企业在不同的阶段，需要新鲜血液加盟，这样企业才会有新的思路。所以，企业规模配置匹配岗位一定要提前设置好，最好在企业发展初期就做好规划，这样随着企业发展，会享受到越来越多规划的红利。

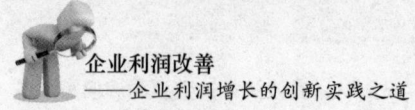

2. 企业在不同时期，用人的模式要有所区别

企业的业务还没有形成规模时，最好不要寻找过多所谓"高大上"的人物。很多企业雇主迷恋大企业的高管，或在行业内非常有名的专业人士，虽然这些人加盟企业会减少企业很多的试错成本，但毕竟企业规模和所处阶段会与引进人才的经历有很大差异，高端人才进入后一定会和现有企业产生许多碰撞，这时候，对企业雇主和引进的高端人才都是一大考验。所以，企业要采用灵活的用人机制，对于企业职能高管或企业能力相对薄弱的部门，可以找行业内专业人员，以顾问的身份为企业提出一些建设性的建议，阶段性地指导相应部门的工作人员提高业务技能与技巧，促进企业的发展。

3. 企业进入中等规模或以上的时候，要围绕着经营流程设置相应岗位

企业进入中等规模或以上的时候，需要更多的体系性输出。这时，企业需要向管理要效益，专业性的人才引进将成为企业组织匹配的重要环节。企业需要搭班子、建体系，需要系统的支撑与流程的优化，需要建组织、塑文化，需要企业运营效率的提升与标准的输出。对于企业来说，这个时候非常关键，如果顺利突破，企业将进入一个新的

发展阶段，如果在此阶段身陷重围，企业就有可能止步于此。

这个阶段对企业最高决策者来说也是一大挑战，需要自我觉醒，需要认知的重新定位。

当年万科快速发展时，王石为何那么闲，企业利润却倍增？

王石说，万科发展中期，他是"三不老板"：对下属不放权、不放手、不放心，事无巨细，亲力亲为。他通过研究中国民企发展历程，感觉到中国式老板的"三不"对企业成长弊大于利，也是造成企业短命的根源所在。

经过深思，王石从"没了我地球就不转"的得意，进化到"没了我地球照样转"的自豪，这个经历是一次"革命过程"，过程万分艰难，恰似断臂之痛。

然而，正因为王石经历了断臂之痛，才让企业发展得越来越好。任何一个企业，随着规模的扩大，企业领导者都要从以前的事必躬亲者升级到资源整合者，从以前的资源掌控者演变成授权分权者，从以前熟悉的甚至随性的工作模式跳跃到规范的、职业化的运作模式。只有这样，企业才能引进专业性的人才，这类人才才能为企业建制度、建规范、建标准、建体系。

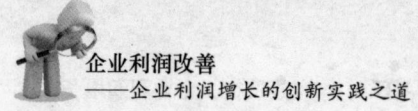

4. 当企业成为行业中的独角兽时,规范的组织体系承载着企业的运营发展

企业成为行业中的龙头老大时,需要领导者对未来进行思考,特别是在当下的互联网时代,商业环境瞬息万变,企业需要迎合时代的变化不断地升级自己的组织系统,这时要重新组合企业的管理团队。中高管团队中不但要有90后的群体,还要有来自互联网行业、金融行业的人才,他们的加入,能让我们了解主流客户群体,深入洞察客户群未来在想什么。

总之,企业只有做到在不同阶段,都有相应的组织资源和匹配的组织系统支撑,企业的利润才会持续增长。

◎ 完善决策制度，做优秀的决策者

对于企业来说，优秀的决策者要善于通过经营流程中业务数据的监测来发现运营中的问题，并及时采取干预策略调整经营过程，保障经营能够按照企业商业模式预期的方向向前推进，实现企业利润增长。

有家消费金融企业的老板找到我，问我如何监督合作门店。我就帮他制定了一张销售日报表（见表4-1）。

表4-1 销售日报表

日期	城市名称	负责人姓名	手机卖场名称	办单员姓名	进件数	日均进件数	通过数	通过率	平均通过率	取消数	平均取消率	进件时长	平均进件时长

我对他说，这个表格能让他监测每个城市、每家合作门店、每个办单员销售以及销售关键过程数据，通过数据

的跟踪,能发现经营中的问题,如"进件数"。某门店平均进件为2单,突然有一天进件达到10单,这样的数据就是异常的。除非该手机卖场在做促销活动,或是该手机卖场把该消费金融品牌作为主推,或市场前端增加了合作卖场的资源投入,否则,就需要密切关注此门店是否有套现的嫌疑。对于该数据,通过离散率分析非常容易排查出每家门店每日异常数据,当然"问题门店"是否确认还需要其他数据的关联分析进行印证。

同样的方式,可以监测出"通过率"的数据差异。仍是通过离散率进行分析,但凡出现通过率明显高于平均值或低于平均值即视为异常数据,需要进行关注,此数据说明可能存在包装客户套现或顾客套现的可能。

"取消数"一般是市场销售人员因各种因素取消订单的数据,其中很大一部分因素是销售人员销售技巧掌握不到位,导致订单取消然后重新申请订单,无形中导致顾客申请订单的综合审核时间延长。当然也有顾客主动要求取消订单的情况,这对分期产品销售实际上是一大考验,也是验证市场销售人员业务能力的一项很好的业务指标。

"平均进件时长"直接反映市场销售人员协助办理的技能水平,是影响综合办单时长的主要影响因素,对顾客服务体验影响较大。为了缩短审核时长,该企业将销售人员的平均进件时长达标率作为重要的考核指标,以引导员工提升销售技能(见表4-2)。

表4-2 审核日报表

日期	审核人姓名	城市名称	手机卖场名称	顾客订单号	订单待审时间	订单审核时间	订单待审时长	订单审核完时间	订单平均审核时长	总均审核时长	订单审核状态	质检状态	日均审单	审核通过率	审核拒绝率	质检复活率

通过表4-2,能直观地揭示日订单中门店可能出现的套现风险。虽然仅凭一张表还不能精准地判断合作门店是否一定有套现的行为存在,但中央指挥中心可以要求主流程上的岗位关注风险门店中订单的数据,进一步佐证判断并输出管理导引。

表4-2是日订单审核的报表,该报表能清晰地看出订单等待审核时长,顾客感受的审核时长是由进件时长、审核前的等待时长、实际审核时长三个时间段决定的。进件时长的缩短,通过市场销售人员的考核与培训手段进行提升。等待审核时长则由审核部门流程梳理、人员排班管理、人员编制管理等多方面决定,指挥中心通过该数据的监测,

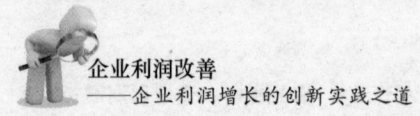

实时要求审核部门关注并改进工作方式及管理方法,通过考核的手段倒逼审核部门短待审均时,提升顾客体验。

订单平均审核时长是审核员工从接订单到审核结束的时间段,通过报表非常直观地监测出每个审核员工出审核结果的耗时数据,通过该数据可以要求审核部门负责人员关注该审核员工并强化该员工审核技能的提升。

总均审核时长是所有审核员工从审核订单到全部审核结束的平均时长,该数据关系到顾客感知,同时也直观地透视出审核部门审核效率状况。该数据对应着审核部门负责人员考核指标,通过业绩考核的模式,倒逼效率提升,最终提高顾客的核心价值诉求。

人均审单数据作为非常重要的人效跟进数据,反映出团队的战斗力,也是衡量审核部门管理水平及单个审核人员的效率关键指标,但凡审单效率低的员工,该部门要及时通过培训及其他管理手段促进效能的提升,公司也会通过将部门或小组人均审单量作为重要的考核指标来倒逼部门负责人提升人均审单效能。

质检状态是将所有被拒订单重新复核,确定是否更改审核状态的意思。为了增加通过率以增强顾客感知度,质检人员为了个人收益的提升会在风险可控前提下质检所有被拒订单，找到错误单据将其复核，但是此数据越高就代表审核人员审核技能越差，该员工需要通过培训与管理手段提升审单质量的技能。

此表还能非常直观地看出审核部门管理水平的平均等待审核时长、总均值审核时长和审核时长较高及审核质量较差的审核人员。对于审核质量的最终评判需要以顾客还款情况来最终确定，但此数据也非常直观地反映出审核部门、工作人员的技能水平及工作效率。

表4-3　T+5回访表

日期	回访人姓名	顾客订单号	办单员姓名	复核人姓名	手机卖场名称	异常确认	是否确认催收	门店参与套现确认	门店顾客套现确认	是否风险门店	审核是否误判

离散度较高的门店全部作为T+5回访的重点，该岗位需要风控部门级别和专业性较高的人才担任，通过专业的话术向已经办理过分期的客户进行电话回访，但凡与审核信息不符即通过话术施压套取真实的信息，一旦确认参与套现（一般出现套现的客户都是被中介欺骗的），则进一步确认门店是否参与，一旦确认，立即终止与该门店的合作，并将此门店所有办理的分期订单信息转交公司安全部门，

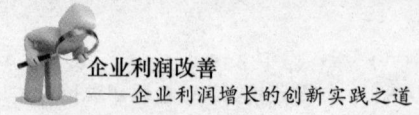

由其通过专业手段对其进行调查与打击,要不惜动用法律手段。确认门店存在顾客套现者,告知审核部门加强该门店的审核力度,减少公司套现损失。

不管是顾客套现客户还是门店参与的套现客户,立即启动催收,最大限度地减少企业资产损失。但凡回访不接电话且持续多日不接电话者,就把该顾客列为风险客户。指定门店但凡出现一定占比的类似客户,该门店即被定义为风险门店,该门店和套现门店一样启用最高级别的审核力度,以免导致企业风控损失。

T+5岗位通过回访,除了对合作手机卖场和顾客是否存在套现行为进行评判,还对公司负责审核岗位的人员是否出现不该审核通过而予以通过的订单进行检查,但凡出现门店套现、门店顾客套现、顾客电话一直不接等可疑的风险点,该岗位可调出该订单审核时的电话录音,如果存在明显问题而通过订单者,审核人员应承担该订单最终的企业损失,同时T+5岗位人员也将得到挽回订单损失额中大比例的奖励(保密奖励)。

T+5岗位薪资=底薪+电话回访覆盖率*(门店参与套现数*提成+顾客套现数*提成)

电话回访覆盖率是已经回访的顾客数与应回访顾客数,其中,电话不接从T+5当日起至T+10之间每天拨打1

次,合计 5 次不接者算有效回访一次。

中央指挥中心在数据的基础上可以要求 T+5 回访岗位进行数据排查,也可以通过离散度分析,对进件数明显减少的门店要求市场人员跟进合作手机卖场,了解是否有竞争对手加入?市场人员与该门店是否出现沟通问题?该门店与企业之间是否出现了误会或哪里让手机卖场体验不好?市场人员是不是缺岗或不在状态?市场专业度是不是有问题?等等,及时梳理、及时调整,不至于因合作对象支持配合度的下降或员工问题导致市场增量的减少。

T+25 提醒还款日报表(见表 4-4)的主要职能是在顾客第一次还款日前 5 日电话提醒还款,提醒的力度与效度对顾客自然还款率会造成一定的影响,同时对顾客利益也起到一定的保障作用,就像信用卡一样,一旦顾客忘记了还款的事宜,除了罚息,还会被列入银行征信黑名单。

表 4-4 T+25 提醒还款日报表

日期	提醒人姓名	顾客订单号	办单员姓名	审核人姓名	手机卖场名称	是否确认回款	门店参与套现确认	门店顾客套现确认	是否风险门店	是否立即催收

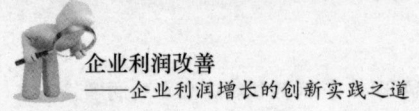

该岗位也是风控的一部分,在提醒还款的同时重点对离散度最高的门店时点顾客、T+5回访不接电话的顾客进行施压,确认是否存在门店参与套现、门店顾客套现以及是否是风险门店,一旦确认套现,中央指挥系统会立即启动催收工作。

该岗位更多的是协助催收的职能,其效率与效果直接影响着企业FPD0指标数据(第一期还款日当期逾期金额与贷款金额的比)。FPD0指标数据对上游资金方的信心会有一定的影响,所以该岗位会和风控负责人、审核负责人一样被考核FPD0指标。

T+25岗位薪资=底薪+绩效工资额*有效顾客电话完成率*FPD0指标达成率+(门店参与套现数*提成+顾客套现数*提成)

有效顾客电话完成率即接通电话数与电话任务数之间的比例,通过呼叫系统数据导出功能,很容易检索数据结果,通过该指标倒逼岗位人员加强电话提醒的数量达成,以提升工效。

催收日报表(见表4-5)非常清晰地显示每个门店的各种数据,门店自然还款率代表与该企业合作的手机卖场的顾客在没有不法套现下还款质量相对较好、风控能力与T+25提醒岗位发挥了应有的效果,数据也直接反映出每个合作手机卖场顾客的质量、主动还款意愿，如果主动还款比例较低，则说明该合作手机卖场隐藏着顾客逾期的风险，与前面各表单数据对比基本可以判断该门店是否存在套现或顾客套现的风险。

表4-5 催收日报表

日期	城市名称	手机卖场名称	订单号码	办单员姓名	当月首逾滚动应还款额	当月滚动首逾自然还款率	当月首逾自然还款金额	历史门店首逾自然平均还款率	近两月平均FPD10	M1逾期率	M1催回率	M1滚动到M2比率	M2逾期率	M2催回率	M2滚动到M3比率	M3逾期率	M3催回率	M3滚动到M4比率	M4逾期率	M4催回率	M4滚动到M4+比率	M4新增未还款率	PR值	门店参与套现确认	门店顾客套现确认

表4-6是某门店近两个月的FPD10数据（首期还款日之后第11天客户的首期逾期比例，其分子为还款日到期大于等于11天且逾期天数大于等于11天的首期逾期金额，分母为还款日到期大于等于11天首期到期的总金额，其中总金额包含还款到期日至11天期间的罚息），该数据非常直观地显示出合作手机卖场的风险状况，根据数据的不同对合作手机卖场进行风险评级，级别越高、风险越大。一般达到C级的合作手机卖场要加大订单审核力度，达到D级

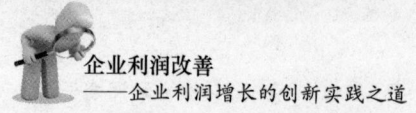

的合作手机卖场取消合作。

表4-6 某门店近两个月 FPD 数据

最近60天 FPD10overdue_ day >=11	A	[0, 7%)
	B	[7%, 11%)
	C	[11%, 15%)
	D	[15%, 15%以上)

M1 逾期率至 M4 新增未还款率也要监测，但凡合作手机卖场的这些数据提升即对该手机卖场加强审核力度、限制进件、取消合作。同时也能看到顾客在正常还款几期后出现逾期的比例的增加，以作为考核员工的数据基础。

PR = 预期风险/到期贷款全额；预期风险 = (M0 * 50% + M1plus) * 90%；到期贷款全额为已经进入还款期的所有贷款的本息金额之和（见表4-7）。

表4-7 某门店 PR 数据

PR（预期逾期率）	A	[0, 7%)
	B	[7%, 9%)
	C	[9%, 12%)
	D	[12%, 12%以上)

PR 值非常直观地显示出合作手机卖场的风险状况，根据数据的不同对合作手机卖场进行风险评级，级别越高、风险越大。一般达到 C 级的合作手机卖场要加大订单审核

力度，达到 D 级的合作手机卖场取消合作。

该公司办单员一般管理几家门店，以上所有数据直接关联到相应的办单人员及城市，但凡发现办单人员或城市数据异常，相关人员立即接受培训或停岗培训，甚至接受调查，一旦确认相应人员有参与套现的情形，将按照与企业签署的劳动合同要求对其追究责任。

为了促进催收部门的催收力度及催收效果，催收部门也有相应的考核方案进行指引，最终保障整个管理链条的闭环与循环。

以上数据涉及企业经营流程上的大量部门，为了保障数据保密性，相关岗位数据之间是割裂的。中央指挥中心数据岗位通过对各数据的监测，发现问题并及时将数据提报给中央指挥中心的最高管理者，管理者每天通过会议的形式布置需调整的工作内容，再由数据岗位跟进结果与效果，保障运营系统的顺畅与高效，减少各部门站在本位的角度上出现的沟通成本。

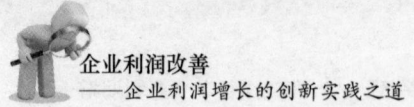

◎ 灵活调整决策，减少试错成本

随着互联网工具的使用及信息化工具的普及，企业之间的竞争从靠资源、靠政策、靠关系的模式逐步演变成机制的竞争、组织的竞争、体系的竞争。在市场瞬息万变的环境下，企业要灵活地调整决策，这样才能减少试错成本。

我的一位学员有一家企业，涉及跨境业务、物流业务、金融服务业务、经销业务等，企业实力雄厚，拥有一定的社会资源，可企业内部却因管理不善，导致运营效率极差，致使企业效能总是不能尽情发挥。特别是电子商务，市场敏感性强，要求企业反应速度快，可电商部门总感觉相应职能部门不能提供有效的支持，导致该部门与企业职能部门之间一度陷入僵持状态，本身生机勃勃的年轻队伍像被霜打的茄子一样无精打采。企业投资者因该部门业绩表现差强人意，一度有放弃该业务的想法。

该企业表面上看是业绩乏力，实际上是系统性问题。电子商务部门需要货源的有效保障，运营的给力支撑，客服具备销售转化能力，物流服务准确与及时，策划能够抓住产品与活动机会进行短期市场引爆等。在经营过程中，难免会出现商品备货过多而导致出现临期产品或滞销商品的可能，增加期间成本；为了短期流量的暴增难免会牺牲一些产品毛利。该企业运营管理部门为了控制临期商品的数量，减少企业损失，对电商部门的商品备货进行严格的督管，即电子商务部门需要备多少货品必须向运营管理部门申请，得其审批方可进货；财务部门为了保障公司的综合毛利率指标的提升，对电子商务部门进行的促销活动进行管控，但凡电子商务部门牺牲产品毛利而进行引流的策划活动必须得到财务部门的审批方可执行，导致电子商务部门在经营中处处受限，部门潜力发挥严重受限。

电子商务部门的经营管理需要管理，而不是管控，最了解经营环节情况的人一定是该部门的负责人，而不是其他职能部门，所以要放权于部门，由其自行进行经营管理，但不代表不加以管理，而是由有形的管控演变成无形的前置规则、有效的支撑保障及后置的考核手段。

我对该企业的电子商务部经理做了考核方案（见表4-8）。

表4-8　电子商务部经理考核方案

1	固定薪资试用期4000元/月，转正5000元/月
2	固定薪资+提成+盈利奖金
3	提成=N%＊销售额＊综合毛利率达成率＊部门流量指标达成率＊部门转化率达成率＊店铺评级系数＊（1-临期商品占比）＊事故发生系数
4	部门毛利=商品售价-商品进价-除固定薪资以外的经营费用

部门流量指标、部门转化率指标月初设定，月末考核。

店铺评级系数即所有店铺中有一店铺评级得分环比下降则系数为0.75（其中××店铺环比评分下降则系数为0.5），两个店铺评级得分环比下降则当月绩效为0.5，以此类推直至归0。

临期产品占比＞M%，当月绩效为0，同时承担临期商品实际占比与M%之间的商品零售价损。

事故发生系数即因管理不善导致企业名誉受损或被第三方索赔者，当月绩效归0，造成损失者承担赔偿责任。

盈利奖金即在规划盈利期，但凡盈利者一次性奖励W万，每加减1个月，减价Z万。

通过电子商务部门经理考核指标的设置，将原来掌握在运营管理部的货品采购审批权及财务部门的活动审批权全部转交给电子商务部门，同时设置了前置规则标准，以月度为单位规划部门的综合毛利率指标值并报财务部门，一旦对该毛利率标准认可,财务部门对于该部门的日常经营过程将不再干涉,唯有月末进行毛利率达成率的盘点,并借助考核手段对该项指标进行考核,这样一来,电子商务部门会强化毛利率管理的意识及管理行为。

为了控制临期商品占比,设置临期商品占比控制比例,但凡超出该比例,不但当月无奖金,还有承担临期商品实际占比与控制占比之间的损失,倒逼部门负责人强化货品管理能力,控制期间损失。

仅给规则的权利,不给相应的支撑也很难保证部门运营效率的提升。为了保障货品不断货,该部门设置商务岗位专门跟进每个经营商品的动销率与采购商品的到货周期,既保障部门有货可买,同时还要控制临期商品一旦出现给企业造成的损失。

表4-9 商务岗位考核指标

1	薪资=底薪+提成
2	提成=N%*销售额*综合毛利占比*(1-临期产品占比)*断货事故(注:临期产品占比=临期产品零售价格总额/当月销售总额)
3	临期产品占比>M%,当月绩效为0
4	断货事故为因各种原因导致断货的事故,但凡断货,当月绩效为0

商务岗位负责经销商品的周转与采购周期把握,进行

采购计划的制订、与采购部门对接、跟进采购货品的到货状况。采购部门根据商务岗位的采购计划进行采购,保障采购周期及货品质量,但凡没有在采购周期内到货的,该采购人员会被相应地考核,但凡因采购环节问题导致缺货者,该采购当月绩效工资归0。通过此方式倒逼采购部门支撑能力的提升,强化电子商务部门的资源配给。

一个经营体的运转除了采购部门,还会涉及人力资源部门的人才周转能力、财务部门的资金周转能力、物流部门的交货能力等,以更好地支撑电子商务部门业务的运转。

每月月末,运营管理部门通过电子商务部门数据的采集,结合事前设置的规则对该部门相关岗位及人员进行考核并复盘,及时兑现部门及各岗位员工的考核收益,同时也对一个月经营管理中的问题进行分析并协助梳理,必要时采取相应的手段对其进行帮助或提供协调支持。很快电子商务部门走出了业绩乏力的境遇,方案实施的次月,业绩月度环比上升了45.8%,赢得了公司领导对其部门的关注与信心。

该企业电子商务部门的境况折射出国内相当一部分企业的现状,一线销售人员在前线厮杀,可总感觉内部不能提供很好的支撑,甚至是掣肘。

企业要想更好地开展业务,除了需要市场排面的梳理外，企业内部的业务支撑也要有序的服务排面来保证。同时，企业高层要站在企业整体运营的高度，合理地梳理并确定职能部门的角色与定位，在职能部门、业务部门共同参与的情况下确认每个业务单元及业务细节需要的服务类型与服务流程，明确服务人员定位，确定服务标准与规范，匹配相应的培训及考核手段，提升企业整体的业务支撑能力。

表 4-10 是我为该企业支撑业务开展而设置的内部梳理一览表，通过该表的导引，以业务部门各业务线条开展为主线，梳理企业内部部门与岗位的工作，精确匹配支撑事项与服务人员的对应关系，达成无交叉、不扯皮的服务支撑系统。

表 4-10 职能支撑一览表

业务部门	业务需求	配合部门	支撑岗位	联系方式	时效要求	涉及表单	应急处理

备注：应急处理次数是运营效率不高的体现，企业内部应不断通过效率提升以减少应急处理的频次。

匹配服务不仅需要支撑部门与岗位的明确，更需要相应的前置标准与流程系统予以支撑，需要职能部门能够走进业务部门，深度读懂业务部门，这样提供的服务才能够给业务部门带来实质的增值与提升。

我为该企业电子商务部客服薪资定了绩效标准（见表4-11）和人效标准（见表4-12）。

表4-11 绩效标准

1	薪资＝底薪＋提成
2	提成：销售额＊N%＊综合毛利率达成率＊（1－退货率） （注：退货率＞3%，当月提成为0；N%由财务部核算后确定数据；综合毛利率由公司按月制定指标）
3	客服转正条件：入职时间（1~6个月）；当月销售达6万元；退货率＜3%
4	转正待遇：办理社会保险；底薪上涨到2500元/月

表4-12 人效标准

1	转正期员工月销量：6万元
2	试用期一个月销量：不低于N万 二个月销量：不低于M万 三个月销量：不低于Z万 四个月销售：不低于W万 五个月销量：不低于X万
3	试用期当月实际销量少于入职上月销量要求，或试用期当月低于80% N万，淘汰

该企业人力资源部门的绩效岗位及时跟进每一位客服的业务数据，前置了解电子商务部门用人需求，在用人部

门还没有提出用人需求前即安排人才的招聘工作，一旦用人部门提出支援需求，该人力资源部门第一时间保障人才支撑，大大提升了电子商务部门的资源补给能力，为电子商务部门的业绩提升提供了极大的保障。

企业灵活调整决策的好处在于，一方面减少了试错成本；另一方面通过数据加工与分析，为市场提供了及时的导引及决策输出，为企业业绩提升提供了参谋职能。

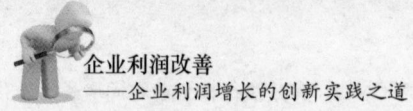

◎ 提高执行力，提升员工工作效率

美国著名经济学家保罗·托马斯和大卫·伯恩，在长期跟踪企业的发展研究时提出了执行力的概念，认为企业成功20%靠策略，60%靠执行力。

战略决定一个企业的发展目标和方向，需要高效的执行体系来实施。一个企业执行力的强弱，决定企业在实现战略目标的道路上能走多远。

有一家大型企业，由于经营不善面临破产。不久，这家企业被美国的一个大财团收购。企业人员都在翘首企盼美国人能带来先进的管理理念，改变企业的现状。让他们想不到的是，美国的大财团就派来几个人，只把财务、管理、技术等重要部门的管理人员换成了美国人，其他的根本没动。

原来的制度，原来的员工，原来的机器设备，但美方有一个要求：把先前所制定的方针、策略和制度坚定不移地执行下去。不到一年，企业实现了扭亏为盈的目标。

美国人管理这家企业之所以能够成功，是因为提高了执行力，把一切规章制度执行到位。由此可见，提高执行力是一个企业发展的原动力。

任何企业只要能狠抓落实，就一定会取得成绩；而落实不到位的企业，制度自然成了一张白纸，决策也就成了"水中月，镜中花"。企业执行力的主要来源是占企业人数80%的基层员工。

我有个学员，是烘焙连锁店的老板。他愁眉不展地找到我，请我帮他提个建议。

他说："我的企业因快速拓展，导致人才总是阶段性缺失严重，除了人才引进力度不够，更让我抓狂的是现有人才流失，不断地有员工辞职，特别是收银岗位，一年了一直在招人。"

人才问题一度困扰着企业，尤其是对连锁经营企业来说，虽然收银岗位要求的技术含量不高，但必须熟悉公司的产品与收银系统的操作规范。人才一直不能得到有效沉淀，人才培养速度又满足不了企业的发展。

我听后，问道："是不是薪酬方面制定得有问题？"

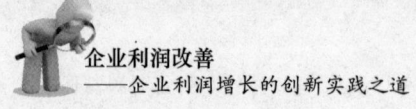
企业利润改善
——企业利润增长的创新实践之道

他说:"比同行高。"

我说:"薪酬高是一方面,还要有激励员工工作激情的制度,才有可能满足企业的发展需要。"

在我的提议下,他让人力资源部门设置了奖励机制,但凡能够让收银员流失下降到一定比例者,企业会一次性奖励大额奖金,并且一定执行到位。

在此机制的触动下,人力资源部门一名员工主动挑起重任,他通过收银员岗位流失率监测发现,大部分离职收银人员工龄处于1个月以上半年以内。为了弄清他们离职的原因,他特意与离职人员进行了沟通。原来离职人员离职的原因,是业务不熟练而被顾客辱骂导致。

这名员工意识到这是解决问题的突破口,又走访了所有的连锁店面,询问每一个收银人员,顾客最经常问到的问题是什么?同时他与公司内部相关部门沟通交流,寻找问题的最佳答案。通过此方式,该员工开发了收银员问答语录,即顾客问题与最佳回答的话术,并督促收银人员培训与学习。

随着收银人员掌握程度的提高,顾客与收银人员之间发生纠纷的概率大大降低,收银人员受到顾客的冷眼与辱骂的概率也减少了很多,很快该岗位流失率降了下来。从此以后,该企业收银员在上岗前,必须通过收银员语录考核,未通过者一律不予上岗,通过规范的制定与落实,大大提升了收银岗位人才的保留率,也无形中增强了顾客服务的体验感。

企业的战略、目标、任务,最终要在员工的执行中完成,企业的执行力集中体现在员工执行并完成任务的能力。因此,强化员工的执行力就是提升企业的执行力。再规范的制度,若员工执行不到位,也形同虚设。

很多企业更多地关注销售,殊不知,企业的效能发挥来自整个体系的有效运作,特别是在消费升级的时代,顾客关注的不再是企业的销售能力,而是公司产品与服务背后综合能力的体现。

中国纺织业基本处于产能过剩,面临利润下滑、业绩不振的局面。某公司意识到了危机,也积极地进行了企业升级,淘汰落后的粗纺产能并向精纺转型,可以说该企业是具有很强的战略眼光与魄力的。为了升级,仅从意大利进口精纺设备就耗资上亿元。

当时,由于国内纺织业大部分还停留在粗纺阶段,具备精纺能力的企业屈指可数,加之国内人工成本等生产要素与欧洲、美洲相比还有一定优势,使得该企业很快就打入了国际市场,承接阿玛尼、巴布瑞等国际奢侈品牌面料

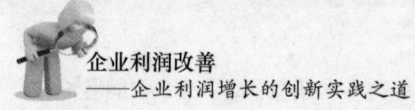

的纺织业务。然而,一起200万美元的质量索赔事件,差点让该企业放弃了大好的国际业务。

精纺面料的质量要求非常高。它是将羊绒拉得比头发丝还要细很多倍,一旦有面料色差,经过机器拉升很有可能导致一匹面料都成为废品,同时国外大品牌对产品品质与交货周期要求非常高,一旦一匹面料出问题,如果及时发现还好,假如没有及时发现,导致的结果就是顾客的大额索赔。国外非常注重契约精神,绝对按照合同执行。

精纺中非常关键的环节就是染绒,需要羊绒浸染均匀,对于染料比例控制、水温、气压、pH值、工艺、操作规范等要求极高,任何一个步骤出问题,一批缸料即作废。该索赔事件,就是因为在染料环节操作人员没有按照操作规范进行操作,导致一匹布料出现些许的色差(基本肉眼很难分辨),被甲方的检验人员检查出来。

该企业痛定思痛,既然参与国际竞争,就按照国际规则办事。企业董事长咬紧牙关履约赔付后,一方面大力强化标准与规范的要求,严格遵守标准与规范的操作,另一方面对染料比例控制、水温、气压、pH值、工艺、操作规范等各个环节加以监督。

他心里明白,每一环节在其中都起着举足轻重的作用,缺一不可,任何一个环节出了差错都会影响整个企业的执行力。

不久，该企业走出阴霾，最终成为国内为数不多能够承接国际奢侈品牌业务的优质面料供应商。

标准与规范既然是企业经验的总结与积累，就需要全体员工对其拥有敬畏之心，对其拥有遵守之意。有了遵守，员工们才能在工作过程中提高执行力，同时也大大提升工作效率。如果每个部门、每个岗位都能够按照部门、岗位标准与规范落实工作，把工作执行到位，那么整个企业各组成单元就像人的手脚一样协调一致，企业整体运营效率会大大提高。

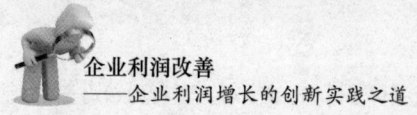

企业利润改善
——企业利润增长的创新实践之道

◎ 好的策略,必须在执行后才能显示其价值

没有执行力,再好的产品都无法为企业创造利润。一个执行不到位的企业,将失去核心竞争力。企业好的策略,必须在成功执行后才能显示其价值,才能为企业创造利润。

2016年3月30日,随着质量问题的频发以及在达能体系中不断地被弱化,乐百氏逐渐由主力角色变为一般角色,最终成为鸡肋。如果不是再一次被食品药品监督管理部门点名批评产品质量问题,或许许多消费者已经遗忘了这位曾经跻身中国饮料工业十强的巨头企业乐百氏。

乐百氏曾是中国食品饮料行业为数不多的经国家商标局认定为"驰名商标"的民族企业。15年前,其被法国达能集团收购,现为达能旗下品牌。然而,自从达能收购乐百氏以后,由于整合不利等原因,乐百氏业绩已黯然失色。

乐百氏福建分公司年度报告显示,乐百氏2013年主营业务收入约1036万元,净利润为473万元;2014年主营业务收入约1006万元,净利润为434万元;2015年主营业务收入为950万元,净利润为406万元。业绩呈现逐年下滑趋势。

在业内人士看来,乐百氏质量问题频发的表象下,最根本的原因是公司的战略不能落地。

被达能收购后的乐百氏最大弊症在于与达能品牌理念无法整合。达能最初收购乐百氏看重的是渠道价值,但对乐百氏相关业务的整合效果并不好,新老团队难以形成合力,企业决策执行效率低,在市场竞争逐渐白热化的中国饮用水市场上,导致"新"乐百氏竞争优势逐渐丧失。

从战略来说,达能一直想弱化乐百氏品牌。由于乐百氏在广东、福建等地还是有一定品牌基础的,所以达能迟迟没有把它砍掉,只是以一种正常维护的姿态在做乐百氏的业务。但随着脉动饮料品牌的崛起,加上乐百氏本身的品牌优势随着市场竞争等各种因素越来越没落,乐百氏在达能体系中的地位也就越来越弱,越来越边缘化了。

被达能收购后,乐百氏虽然聚焦在饮用水业务上,但却未能在改善产品质量方面做过多的投入。乐百氏近几年业绩不振,不排除企业为缩减成本而忽视质量管理,或是为了快速销售产品而放松对渠道经销商的管理。

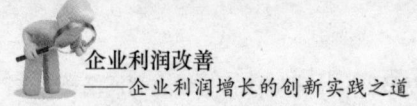

乐百氏业务板块单一，品牌知名度降低，业绩增长乏力，还伴随着质量安全事故，已经深陷危机。

一般来说，许多公司在制定了发展战略后，紧接着会根据战略制定出与之配套的实施策略，如广告策略、促销策略、公共关系策略等。在制定了具体的策略之后，公司领导就放手让相关部门具体实施，他们认为下一步的工作就是等待收获成果了。其实，这种等待是错误的，因为无论多么完善的策略如果没有相应的跟进也会落空。下面这个案例从反面说明了跟进工作与策略实现的紧密联系。

在竞争激烈的白酒市场中，众商家为了在营销策略中胜出，一般通过促销手段来占据市场。他们的促销手段主要有一种，就是送礼物，比如扑克牌、打火机等物品。

××企业是我国北方一家知名的白酒企业，也曾经采用送打火机的促销方式，但是效果并不理想，因为在商家纷纷送打火机的市场中，消费者根本分不清也记不住是哪家企业送出的打火机，于是××企业准备改变促销手段。经过研究，他们推出的最新促销礼物是人人都喜欢的现金。现金的面额从3元到300元不等，基本上打开任何一瓶白酒都能找到现金。这样的促销手段带来了良好的市场反应，××企业的销量直线上升。

但是好景不长,三个月后其销售量猛然下降,与此同时还出现了客户投诉,而且有些小报甚至报道出××企业以送钱为名欺诈顾客的不实消息。

面对这样的情况,公司高层决定一查到底,看看究竟是哪个环节出现了问题。他们顺藤摸瓜层层地往下调查,发现包装、运输都没有问题,发生问题的竟然是经销商。原来某地的经销商大批进货,招租了许多民居做仓库,货物进库之后经销商将所有的货物拆开,抢先将白酒中的现金拿了出来,据为己有,于是就造成了后来的局面。

通过这个案例可以看出,制定出策略并不意味着一切万事大吉。企业还要对策略的具体实施进行持续的跟踪检查,要关注每一个执行的环节,才能保障策略执行到底,才能保证企业的成功。

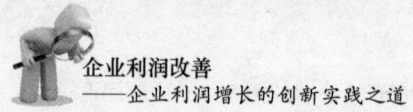

◎ 把握磨合期，增加团队张力

对个人而言，执行力就是办事能力；对团队而言，执行力就是战斗力；对企业而言，执行力就是经营能力。而承担好自己的职责使命，扮演好每一个组织、每一个个体的角色，是企业卓越执行力的根本前提。

企业生存与发展的使命最终是由团队承载的，而团队的建设及发展一直是企业的一大难题，也是很多企业心中不可名状的隐痛，不管多么优秀的商业模式都需要团队的共同努力才会有好的结果。

同时，随着企业业务的发展及经营环境的改变，需要不同风格的团队匹配业务增长，这时会出现新团队成员的加盟，也可能会导致一部分不适应新业务模式的创业团队成员黯然离去，这是企业发展必经的过程。随着团队的变异，可能会出现新老势力的对峙或小山头的形成，大量消耗企业内部资源,使得企业好的决策不能正常执行下去,最后祸及企业运营效率,影响市场对企业品牌的认知度,对企业的发展非常不利。

既然是团队,一般是价值观趋同、有共同追求的一群人为了共同目标奋斗的"战友"。一旦这群"战友"对企业决策有异议,势必会对企业颁布的一些管理制度产生不满,这时就不利于企业执行力的发挥。要解决这个问题,需要企业从以下几个方面来把握与团队成员的磨合期,以此来增加团队的张力(见表4-13)。

表4-13 与团队成员的磨合

1	重视新、老员工价值观	有些企业在考虑团队组合时以能力考查为主,此种团队组合方式可以短时间引爆企业的业绩表现,但团队之间的磨合问题将会一直折磨着企业。规模越大,磨合代价会越大,一旦处理不好,企业将受到重创,严重时导致企业倒闭。所以,要搞好团队建设工作,就要高度重视企业新、老员工价值观的问题
2	想办法让新、老员工价值观趋同	团队成员价值观相同,是团队得以长远发展的根本,也是决定团队张力的一大核心影响因素。如果团队的愿景目标就是追求短期的经济利益,为了狭隘的个人利己主义践行着工作行为,那就犹如行尸走肉,不会发自内心感受到成就感与愉悦感,最终在各自的"利己"思想的践踏下,失去"初心",迷失了方向

续表

3	团队磨合中利益的分配	团队磨合中的利益问题处理不仅是技术问题,更是战略问题,以企业整体效益作为分配的基数是将企业所有成员绑在一起,但内部分配的公平性对团队的影响也不容忽视。一旦分配方面让团队成员感觉有失公允,那对团队的挫伤是巨大的。所以,企业在设计收益分配时一定要兼顾岗位、技能、绩效几个方面,在科学核算的基础上设计企业分配模式,有效地促进团队的磨合与发展
4	把企业愿景与员工的梦想、希望相结合	企业的愿景与目标是整个组织为之奋斗的方向,是团队成员协作努力为之追求的梦想与希望。所以,有共同目标、共同追求的一群人聚集一起才能算得上是团队。企业有没有将企业的愿景与目标内化为每个团队成员的奋斗目标,有没有将企业产品与服务的竞争参数变化都演变成各个岗位的阶段目标,对于团队建设来说至关重要。唯有这样,才能使团队成员劲往一处使,聚集团队合力,推动企业的发展

团队是要讲情怀的,可人性的"利己"面也应当重视,除了在愿景目标方面规划每个成员的阶段目标外,考核工具也是非常必要的。要站在企业整体运营角度设置考核指标及激励模式,全体员工受益起点源于企业整体的盈利能力,绩效奖励是设置与某基数(营业收入、毛利额或经营利润)之间的比例,基数值由企业全体员工通过参与市场经营结果决定,这样就可以通过利益绑定将全体员工纳入

统一奋斗目标上来，哪位成员不遵守规则导致船体受损或翻船者，将在此组织中难以生存与发展。

在一个相对比较成熟的体系中，企业通过市场一般仅会聘请高层与基层成员。

1. 对于高层成员加盟，企业要科学地观察

由于不了解企业的文化与作业细节，新加盟的高层成员很难在短时间内做出业绩，也很难对企业体系的建设与完善提供太多的建设性意见。所以在半年内，他们一般会要求深入一线，参与一线的经营与生产，熟悉企业环境。

在这个过程中，企业要科学地观察新加盟成员，至少要正面了解其对业务的熟知度，通过与员工沟通侧面了解其人品与群众基础，在考察期内能够得到企业大部分成员认可的新加盟者，一旦承担要务，新老团队成员之间的磨合问题自然少了很多。

新加盟的高层与企业主之间的磨合问题，对企业的影响至关重要。特别是资源型高层，他们本身除了行业地位及专业能力以外，还带给企业一定的资源，一旦磨合过程中出现问题，对企业来说可谓一大重创，这不仅对企业是一大考验，同样对该高层也是一大挑战。企业主有可能会成为企业的天花板，同样高层诉求不合理也会影响彼此之

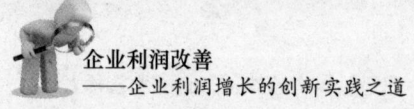

间的合作。

2. 正确处理新加盟的基层团队成员之间的问题

关于新加盟的基层团队成员之间的问题,主要是老员工排外。许多刚加盟的新员工,总是做最苦最累的活。老员工觉得自己在企业时间比较长,摆老资格的现象比较多,导致新团队成员留存率较低,有损企业用人口碑及品牌形象。所以,企业对待新加盟基层团队成员与老员工的矛盾时,要公平看待,正确处理。

总之,企业是以团队的形式参与市场竞争的,企业的整体效益得益于企业团队的共同努力。团队成员在利益分配时以企业整体效益作为分配基础,通过利益牵引的模式将企业内各成员紧紧地绑在一起,对于团队磨合具有较大的促进作用。

◎ 调整资源配置效率,提升企业利润空间

利润创造是企业的基本责任,收支平衡是企业生存的基本条件。造成利润差距的原因,一方面是收入的差距,另一方面是由于在资源分配中存在种种问题,导致投入产出比有较大差异,存在资源浪费、资源闲置等现象,不利于利润提升。

可以说,企业运营结果是由各生产要素综合作用的,企业的资源配置状况在一定程度上影响企业的经营结果。一旦出现生产要素的错配,给企业造成的损失将是巨大的,特别是管理基础比较薄弱的企业,资源错误配置导致的损失对企业的伤害更为严重。

几年前,一个做生产型企业的朋友向我诉苦,说他的企业客户订单很多,也就是说产品有市场。工人也不少,企业里的机器设备都是先进的。可是,还是经常出现产品

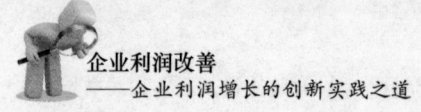

不能按时交货的问题,甚至为此还向客户交过违约金。

"我今年生产的产品,价格卖得不低,可是年底一算账,居然没有赚到利润。再这样下去,我将面临破产了。"他无奈地说。

我跟着他来到车间,看到满仓库的原料、包材,但却迟迟不能组织生产。

我问车间的负责人,得到的答复是:"生产原料与辅料不匹配,不是缺原料,就是缺半成品。"

就因为这个原因,偌大的仓库中占用着大量的资金,不能转化为成果。

这是典型的资源配置不合理导致的结果。物控计划没有根据企业生产产品的 BOM 进行各种原、辅料的标配库存,没有和采购部门保持密切的沟通以保障供应链的畅通及有效支撑,导致大量闲置物料占用资金。企业为了完成订单,又不得不加急进行短缺材料的采购供应,导致期间成本的大幅度增加。

我对朋友的企业最近两年的利润进行分析后,发现他的企业均有不同额度的盈利,但利润率存在不均衡现象,还存在利润提升空间。至于后来为什么出现利润负增长的情况,就是因为企业资源配置不合理造成的。

于是，我根据他企业的发展战略和实际情况，建议他企业的资源配置的基本思路要把握以下三个原则（见图4-3）：

1.优化整合原则	要提高资源配置的效率，首先必须优化整合现有资源。在分析优势资源、有效资源和"死"资源的基础上，采取扩大优势资源、优化有效资源、盘活"死"资源、剥离无效资源的方法进行资源的整合与优化。
2.注重效率原则	资源合理配置和科学配置，实现效能最大化，才能实现企业的资本增值。在市场中能够生存与发展的企业，必须是资源配置效率最大化的企业。因此，在资源配置中必须以科学的决策、合理的方式保证配置的效能最大化。
3.侧重定位原则	该公司的资源是有限的，有限的资源配置要与主营业务的产品定位、战略定位、市场定位相协调，使资源配置的重点更明确，集中度更高，有效作用更强。

图4-3 资源配置的三个原则

企业如果有贯穿整个生产与销售环节的数据指挥中心，能够将各产品BOM数据分解内化到企业物控系统中，能够及时地将销售数据与生产数据进行对接与交换，这类事件发生率将会大大降低，企业损失也会明显地减少。

不仅在生产端，销售端因为资源配置错误导致损失的现象也非常普遍。产品在每个市场销售时期都会出现销售瓶颈期，例如，企业为了扩大市场份额，可采取爆款产品或畅销产品进行市场的阶段性促销。在促销政策的拉动下，销量上升不是难事。但促销一结束，产品销量又恢复到促

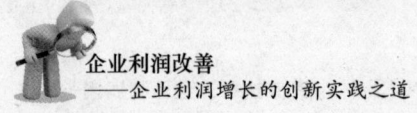

销前的水平。

企业想通过促销手段提升企业利润率其实是很难的，企业促销一般是牺牲产品毛利或增加市场费用投入置换产品销量的，自然对企业利润率有一定的影响。企业通过数据监测，一旦发现产品促销后销量与促销前持平，就可以通过调节产品结构来实现利润的增加。

每种商品都是有对应毛利率的，在销售总量保持不变的情况下，通过向市场前端下达高毛利产品销售占比的考核指标，来提升高毛利产品占总销售的比例，提升企业的综合利润率。

企业的资源配置需要及时、有效的数据支撑。以往财务部门提供财务报表是按照月度为单位的，该报表仅仅能够满足企业经营管理者了解经营状况或企业报税的需要，而对于企业内部经营管理的指引没有很大的指导作用。在经济新常态下，面对瞬息万变的市场环境，面对企业内外部错综复杂的经营环境，以往以月为单位出具财务报表的管理模式已经不能适应当下的经营需要，企业决策者需要即时掌握一手的数据信息，方可有效地对企业日常经营管理行为进行必要的干预，实现企业利润空间挖潜的可能。

企业资源配置的数据支撑不仅需要财务数据的结转，还需要与运营数据关联。企业数据链的打通与整合是进行企业内部资源配置的前提，各种资源需设置前置规则，如人力资源岗位设置编制规则与人效规则，各项目费用设置费用标准规则等，通过规则与实际数据的差异局部调整企业内部的资源配置，最终实现企业利润提升的目标。

企业资源配置调整要遵循时效性原则，需要企业内部具备较高的执行力度，需要数据的即时反馈与预警，更需要清晰的指挥系统作为支撑。同时，它又是在企业基础管理水平相对完善的基础上，进行的一种更高级的经营管理行为，需要企业不断完善数据盲点，最终才能通过资源配置快速提升企业利润空间。

PART 5
组织管理,保障企业利润增值

层层的管理机制虽然解决了企业运营中的规范化问题,但同时也制约了企业运作的灵活性。要运用合理而人性化的管理方法,在保证一线销售渠道稳定的同时,努力通过提升管理水平,降低内耗,开创一个新的盈利"渠道"。

◎ 智能化管理魅力，调动员工潜能

杰克·韦奇说："我的经营理论是要让每个人都能感觉到自己的贡献，这种贡献看得见，摸得着，还能数得清。"

员工都希望自己的工作价值得到体现，渴望被认可，并且想获得实现自我价值的机会，充分发挥自身能力及开发自身潜能。同时，组织也在寻找各种方法来激发员工的潜能。

在20世纪90年代初，美国通用电气公司展开了名为"开动大家脑筋"的活动。他们把100名由各部门推选出来的代表分为若干小组，每位代表在小组里提出本部门的意见和要求，并发表自己的看法，公司高层经理则当场听取汇报。

公司规定，听取汇报的高层经理对代表提出的要求，只能回答"Yes"或"No"，而不得用"研究研究""以后

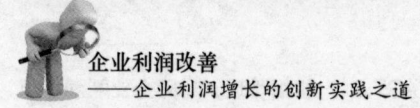

再说"之类的话来推诿或搪塞。结果,许多平时难以解决的问题在会上都顺利解决或得到满意的答复。

这项活动给企业带来了明显的效益。公司根据员工们提出的建议和意见,进行了改革,大大提高了员工的工作效率,使得公司当年的业绩提升了30%。为此,时任公司总裁的约翰甚至认为,这是一条摸清企业发展脉搏、培养未来人才最基本的好路子。

员工的潜能是保持竞争优势的一种重要资源。关键问题是如何开发员工的潜能。这就好似车里有一个动力十足的引擎,但是却被刹车制约着无法发挥出力量。当松开刹车时,车将会怎样?它必将快速前进。员工身上蕴藏着巨大的能量,只要企业管理得当,一定能调动员工的潜能。

其实,企业里大部分员工都希望自己能把工作干得更好,让自己具备能力。但是,如果他们感到这种较高的希望是别人强加给自己的话,那产生的可能不是动力,而是抵触情绪。所以,作为企业管理者,要设法帮助他们建立超越自我需求的个人工作目标,让每一位员工感受到自己的工作对企业是何等重要,让每一位员工都感受到自己的所作所为会影响到企业的发展,这样才能调动员工的潜能,找到提高工作效率的方法。

传统的企业运营模式是由领导驱动的，员工除了日常性工作外，其具体的工作任务一般来自各级领导的指挥与安排。但在当下的经济环境中，凡事都需要层层上报，等到下达命令才开始行动的话，稍纵即逝的机会将很有可能和企业失之交臂。显然，以往的管理模式已经不适应当下的经营环境了。当下的企业，需要配置及时把握机会并立即采取行动的团队，需要具备参与市场竞争的战斗技巧，需要明确权限范围及机动半径。如此一来，企业就得学会"放权"。

然而，在企业经营管理过程中，如何规避"权限不放，没有自由度，但是一旦放权就乱"的问题呢？答案是管理标准与管理规则的制定和执行，这是放权的前提。企业要建设强大的后台支撑，通过信息系统数据的采集、分析、交换、输出进行决策，减少人为因素的干扰。

我有个学员，经营着一家极具规模的美容院。开办之初，我帮他设计了一套管理智能化的管理系统。

所有门店员工在入职的时候，会通过身份证识别系统将身份证信息牵引到电子档案系统。该系统根据内置的排序规则出具唯一的考勤号码并生成二维码下载APP终端。该系统与运营系统、培训系统、考勤系统等模块数据关联，

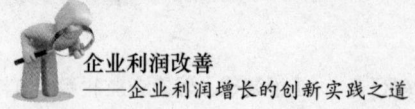

通过内置于信息系统中的规则对员工进行管理，如员工上下班考勤，但凡迟到、早退、旷工等违纪行为，均按照内置于信息系统的规则直接处以相应的惩罚。

除此以外，员工通过培训掌握不同等级难度系数的服务项目所需技能，一旦在培训窗口的界面录入技术等级，信息系统会自动将该员工的考勤号码与相应技术等级对应的薪资标准挂钩，同时关联员工等级与可以服务的项目。顾客通过自己的客户端定制相应服务项目时，信息系统会推荐相应等级的服务人员，服务结束后，按照内置于信息系统中的服务提成标准进行佣金核算。

员工通过手机可以查询其出勤天数对应的收益、违章违纪对应的惩罚、提供服务对应的佣金等，整个过程通过内置于系统中的规则与标准进行系统性管理。

所有员工在同样的规则与标准下开展工作，以往由管理人员开展的员工奖惩、加薪等事关员工切身利益的管理行为彻底地让位于规则与机制，大大提升了管理效率。

规则与机制是企业价值观的外显形式，是企业组织能力的内在基因，为什么有的企业总不能实现优秀人才的沉淀？核心影响因素是没有适合的规则与机制来激发和保留这些优秀人才。

规则与机制，是在企业文化的基础上对管理逻辑的梳理，是企业业绩张力的内在动力。我管它叫智能化管理。

规则与机制最怕的就是变化，一旦变化，很有可能挫伤与打击关键利益方的积极性。同样，规则与机制又具有很强的引导性，一旦形成，固有的惯性很难被打破。

为什么美国那么具有创新精神，德国那么具备工匠精神？实际上就是来自于社会机制的影响。规则设置是一门大学问，是企业组织建设的顶层设计，是在兼顾企业人才梯队建设、薪资模式、激励模式、团队关系、企业生存环境、人才结构控制等要素的基础上管理行为的内化。机制是在价值链分配的基础上精确的测算，是所有利益相关方利益影响的核心要素，需要机制设计人具有工匠精神，在数据分析的基础上不断进行数据推理，考虑到可能出现的各种突发数据变异状况，最终确定机制的参数。

企业在设置机制时一定要进行科学的测算与数据推理，一旦机制确定下来，就不可以轻易地改变，不然很容易导致利益相关方的不满，给企业造成损失。

一般机制设计会与规则设置同步进行，除了设置机制的标准还同步将相应的规则内化到机制管理中，同时借助信息化的手段实现源数据的采集，利益相关方奖惩就可以通过内化于信息系统中的规则直接进行决策输出，相应的

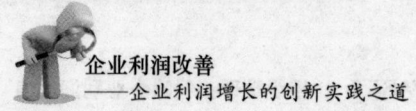

决策人就被解放出来了,大大地提升企业的运营管理效率,同时也规避了决策人为因素的影响。

企业的经营管理过程就是不断优化与完善规则和机制的过程,规则与机制的连续性与有效性也反映出企业的规范程度与文明程度,这需要企业在人治的基础上不断通过规则、机制的完善走向法治的管理阶段,为企业的发展保驾护航。

◎ 抓住人性需求，激发员工动力与热情

古代战场上军兵立功的凭证一般是按照手提敌军多少脑袋为依据的，通过此种简单粗暴的激励模式，大大刺激了战场上军兵的战斗力。

管理是需要顺应人性的，人性趋利避害，为了提升个人收益，需要企业效益的提升以提高分配基数，需要提升个人收益占收益总额的比例，而企业效益与个人收益占比的提高都需要好的工作结果为前提，这就是激励的魅力。

再好的考核手段都需要匹配的激励模式予以支撑，员工没有热情、没有干劲，企业实现利润增长是有一定难度的，所以激励非常重要。

在以往的管理模式下，企业与员工之间是简单的雇佣与被雇佣关系，企业花钱买下员工的时间，员工在工作时

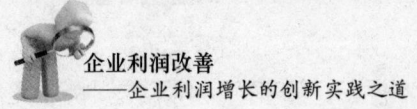

间内按照企业的目标与标准要求推进生产经营工作。但是在当下大众创业的环境下,这样的管理模式不再实用,自己辛辛苦苦培养的精英有可能突然会另立门户,开办与自己企业相同或类似的企业。即使没有自己创业,也有可能被竞争对手以更具诱惑力的方式挖了墙脚,这对企业来说无疑是一大打击。

那么,企业如何留住员工呢?答案很简单,就是需要企业管理者改变管理方法,制定相应的机制来激励高效能人才,通过长期的激励手段来激发员工的工作动力与热情。

尚赫是一家直销机构,它紧紧抓住了人性的需求,通过名目繁多的激励方式将参与者绑定到自己的体系中,但凡此体系中的参与者唯有奋斗。除非刚加入即脱离,一旦在体系中有一定的沉淀,脱离体系就会存在机会成本的损失。

企业通过利益绑定,把所有利益相关者锁定到体系中,通过机制的魅力,实现了企业业绩的增长与利润的提升,值得其他企业借鉴。

下面,我们就来分析一下尚赫公司的管理制度。表5-1是尚赫公司的奖金制度。

表 5-1　尚赫奖金制度

1PV = 1.25RMB	成为代理商首先要完成 1000PV 的产品销售，基本上很多会员都选择自己购买
小组业绩累计：1000PV – 8000PV	个人完成：150PV 10%
8001PV – 25000PV	个人完成：300PV 15%
25001PV – 50000PV	个人完成：400PV 20%
50001PV – 62000PV	个人完成：600PV 22%
62001PV 以后	个人完成：都是 600PV
到了 6.2W 的 PV 就是一个合格的副理，个人销售提成 25%	
以上业绩都是团队业绩，提成是个人销售提成	

假设公司级别如下（见图 5-1）：

经理（1组副理线）　协理（3组副理线）　督导（5组副理线）

总监（7组副理线）　副总（10组副理线）

图 5-1　公司级别设置

假如一次性副理奖是 350 元，从 15% 开始可以享受你介绍进来的新会员的级差奖，简单地说你是 15% 的时候，你介绍进来的朋友是 10% 的时候，中间的 5% 你可以享受到（见表 5-2）。

表 5-2 级差奖设置

晋升副理奖，全球当月 PV 的 5%	计算公式：全球当月总 PV * 5% * 你的小组 PV/当月达到副理的人数 当你介绍进来的朋友有的达到 6.2W 成为副理后，你自动晋升为经理
晋升经理奖，全球当月 PV 的 15%，前面的其他奖金重复领取	公式同上
精英奖，达到协理以上可以享受 3% 的精英奖	公式同上
福利奖，4 组副理以上的协理及以上级别可以享受 1.5% 的季度分红	
6 组副理以上的督导及以上级别可以享受 1.5% 的年度分红	
副理以上就可以向公司申请开专卖店，从该店销售出去的货物享受 7% 的管理奖	
介绍新会员奖励，只要是你直接介绍的会员，他们加入的 1000PV，你可以根据你的销售提成提取	

团队提成横向无限制，纵向提成为经理吃 3 层、协理吃 4 层、督导吃 6 层、总监吃 7 层、副总吃 8 层。从第 1 层开始分别为 8%、6%、6%、4%、4%、2%、2%、2%、零层可吃 10%，以上业绩为累计制，不归零，并且重复领取。

尚赫公司的奖金制度有四个很人性化的特点（见图5-2）：

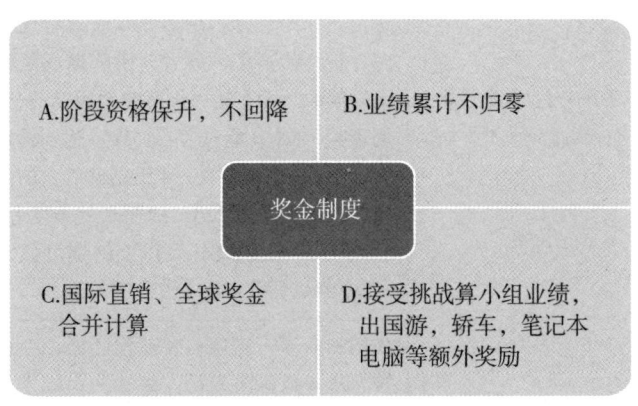

图5-2　尚赫奖金制度的四个特点

在这里，有必要说一下PV值的概念，PV是税后净值。1PV约等于1.25元人民币。每件产品，我们累加业绩，是以它相对应的PV值来算（见表5-3）。

表5-3　尚赫奖励制度

1	业务部奖励（10%~25%） 赚取合理的零售利润是每一个商家应该得到的回报	要成为尚赫的代理商，首先要完成1000PV的产品销售/消费。小组业绩累计1000PV~62000PV，可享受10%~22%的提成（个人销售提成）；小组业绩累计达到62000PV，当月达到12000PV后，你就是一个合格的副理，个人销售提成25%。 当月第一次副理合格，执行长Nancy Chen会特别奖励350元的小红包

续表

2	股东分红（领导奖）(26%)	我们知道直销的魅力就在于其网络倍增，市场倍增。其实就和我们开连锁分店的道理是一样的，分店越多你领取的管理费越多，得到的销售额越大。团队提成是横向无限制的。股东按级别可领到相应的分红，副理奖：5%；经理奖：15%；达到协理以上享受3%的精英奖；4组副理以上的协理及以上级别享受1.5%的福利奖季度分红；6组副理以上的督导及以上级别可以享受1.5%的福利奖年度分红
3	专卖店补贴（7%）	我们知道开一家店，要有租店面、办理证照、税务等各项费用。尚赫公司规定，到协理级别以上就可以向公司申请开设专卖店，从该店销售出去的货物7%的管理奖归你
4	额外收入	每年尚赫公司定期不定期有一定的额外奖励，比如2007年的"尚赫2007我最炫，笔记本电脑大挑战"，2008年的"实用汽车大放送，豪华旅游任你选，汽车+日本游轮+电动车好奖不停"。需要说明的是：业务部奖励（10%~25%）、股东分红（领导奖）（26%）、专卖店补贴（7%）、额外收入，只要到相应的级别，是累加在一起给你的

在经济快速变化的时代，知识更迭速度飞快，特别是电子商务、微商等领域更是如此。一个普通小职员无意间的一个小创意，就很有可能给企业带来巨大收益，甚至还

有可能最终演变为企业的主营业务。所以，激励员工发挥最大的工作热情至关重要。

随着企业信息化工具覆盖面的加大，企业可以提前将一定的规则内化于信息系统中，并通过信息系统的规则核定权益人及权益额，以保障激励的公平性。

企业可以按照产品毛利产生额设置股权或期权的享受权限，但凡年度毛利额达到年初设定的标准值，当年度就有分配期权与股权的机会，通过年度毛利标准绑定原则，将全体员工精力聚焦于如何实现毛利的目标上，要想年度有机会享受毛利，就需要所有员工不断努力与付出才能实现。通过价值链分配原则，将每一单毛利按照既定市场与后台分配原则进行内部模拟分配，例如：

某企业按照市场与后台6∶4的标准进行分配，即公司每产生1000元毛利，按照市场前端分配600元、后台服务部门分配400元的标准进行模拟分配。该企业提前将所有岗位依据市场与后台属性进行设置，但凡公司月度产生毛利，即按照提前设置的分配标准进行模拟分配。

该企业再按照不同岗位设置相应内部分配原则，如市场前端直接产生毛利的人员、主管、经理，按照7∶2∶1的原则进一步分配，通过此种方式，每产生1000元毛利，市

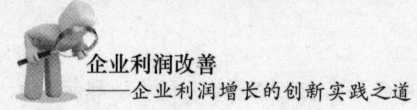

场端的60%按照分配原则进一步核算,直接产生毛利的销售人员即可模拟分配420元,以此类推。

分配到后台的毛利总额也按照既定的考核标准进行内部分配。由于该企业考核基本都按量化指标,考核涉及的数据源传输及时、有效,因此各部门提升部门占比的方式唯有努力提高部门工作业绩方可实现,这样能激发各部门及员工的工作激情。

该企业通过以上方式,模拟企业内部每一个员工在一定考核周期内为企业创造的毛利额,但凡达到不同级别岗位对应模拟毛利定额者,即可以享受对应的股权或期限的权利,但这里的股权为限制性股权:员工若离职,该股权无条件归0。同时,该公司规定,期权需要在规定的行权期内按照企业同期净资产确定行权价格,一旦有风险投资者,则按照风险投资估值价格确定收益差额。

除此之外,企业还可以引用内部承包的模式激励员工,例如:

安徽一家大型的餐饮连锁企业,通过每家门店内部承包机制的应用,大大促进了门店经营管理人员及员工的工作积极性与创造力,提高了企业综合利润率。

该企业通过标准试行，借助 SAP 系统将连锁门店的标准化作业细化，根据每家门店以往的历史数据，设置每家店面各项目标准及费用开支额度最低限额要求，以规避内部承包机制导致门店服务水平的缩水问题。在此基础上，企业推行内部承包机制，促进门店的经营自主性与积极性，大大提升了企业的利润空间。

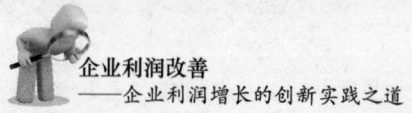

◎ 人力资本时代，得人才者得利润

对于企业来说，人才是信息时代企业发展的动力之源，谁能掌握更多的人才，谁就能脱颖而出。

甲骨文公司，是全球最大的企业级软件公司，总部位于美国加利福尼亚州的红木滩。

甲骨文公司快速发展的原因之一，是公司领导懂得用才。为了招聘人才，甲骨文公司经常会有大手笔，比如将哈佛大学某届管理班的全部学员悉数招进。为了自主开发软件，甲骨文公司拥有一支强大的研发队伍，人数超过2000人。与众不同的是，这支研发队伍分成40个小组，每一个小组都是以团队方式招聘进来的。

作为企业领导，应该把时间花在行业资讯、行业研究、行业沙龙、行业峰会、行业高端人才交流等方面，想办法招聘到为企业效力的人才。

我有一个学员，承包了一家建筑工程企业。

"看来我撑不了多久，企业就破产了。"他多次对我说。

原来，最近几年，随着我国经济进入下行的新常态，加之民间投资也同步下滑，在这种环境下，他的企业效益越来越不好。

他说，他的企业要想生存，除了通过资质提升及企业内部能力提升，来承接政府的大项目或其他重大项目外，企业继续在建筑行业没有什么其他选择。即使通过自我的改变维持企业的经营与发展，行业中三角债的问题也会一直困扰着他的企业。

为此，他陷入痛苦的思考中，一直寻求出路，却不能如愿。我在了解他企业的现状后，觉得他的企业并没有像他说的那么糟。

"我建议你现在招聘一批行业精英去拓展业务，或者与业内专业人士合作。"我对他说，"我有一位在淤泥处理方面很有经验的朋友，是一位专家型人才，你可以找他合作。"

他跟这位朋友相谈甚欢，两个人很快达成了共识。通过股份的赠予方式将该人才引进企业来发展淤泥处理业务。很快，我这位朋友就打开了这方面的市场。

由于新项目属于大环保行业，当地政府非常支持，很短的时间，企业成功地将主营业务切换到环保行业，并即将在新三板上市。

不懂得用人才、不会用人才的企业领导，会让优秀的项目夭折。当下很多传统企业在痛苦地挣扎，而新型企业却不断崛起，一方面是新型企业找到了发展的风口，另一方面是新型企业领导的用人理念和传统企业有很大的差异。

新型企业领导更看重的是如何激发与激励员工。传统企业更多的则是管控，导致许多优秀的员工总是感觉手脚被束缚着，这种管理方式导致优秀人才要么不能在企业沉淀，要么忍气吞声地消极怠工，这样的企业想要发展显然有难度。

但凡优秀人才都有自己的思想，他们对问题具有较强的是非判断能力，不会盲目服从领导，有时还会顶撞领导。这对许多企业领导来说，绝对是一大挑战，胸怀与格局决定了企业能够吸引或保留多大的人才。

◎ 重树企业生态环境，为利润创造条件

企业生态环境是由管理环境、人文环境与交际环境共同作用的，环境的好坏直接决定企业的生态。为什么有的企业员工呕心沥血地为企业付出，而有的企业员工在工作中满腹抱怨？为什么有的企业员工一上班就精神抖擞，而有的企业员工一上班就感觉在受罪？这非常值得企业思考。当企业的生态环境不好时，企业效益提升将会很难。

为什么海底捞员工很少离职？其原因就是海底捞为员工创造了良好的生态环境。

海底捞的管理制度中，有一份"嫁妆"。即一个店长离职，只要任职超过一年以上，就给8万元的嫁妆，即便这个员工是被竞争对手挖走的，海底捞也不食言。

在说到这份"嫁妆"时，海底捞的创始人张勇说："因为海底捞工作太累，能干到店长以上，都对海底捞有贡献，

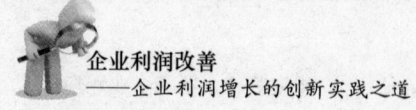

应该补偿。如果是小区经理（大概管 5 家分店）走，给 20 万元；大区经理走，送一家火锅店，大概 800 万元。海底捞创立到目前为止，有十几年的历史了。店长以上干部有好几百，但从海底捞拿走嫁妆的，只有三个人。"

要改善生态环境，就要清晰地了解员工需要什么样的环境。特别是现在的 90 后员工，他们厌恶徇私舞弊、虚情假意，希望能够得到平等的对待，能够共享企业的公共资源，希望加薪、升职、晋级、评优等涉及个人切身利益的管理行为能够经得起推敲，而不受所谓潜规则左右。

对于企业来说，只要愿意将运营系统与人力资源信息系统数据对接，将经过梳理的规则内化至相应的信息系统中，公平、公正、公开、透明的管理环境就自然而然地建立起来。随着信息系统的优化，企业将营造出员工实力决定收益的管理环境，员工不再需要通过跑关系、走后门的方式实现个人利益，只要有业绩，匹配的收益自然兑现。通过管理环境的改善，将员工精力聚焦至企业价值创造的维度上，激发员工动能，为企业提升效益创造条件。

管理环境的改善，对员工提升价值创造能力来说至关重要。但员工除了关注管理环境以外，对于公司的人文环境的需求也不容忽视。一旦企业人文环境没有很好地营造，就有可能导致员工的不满,甚至流失。现在有越来越多的企业,开始通过去职位化的模式进行管理。

联想在内部以姓名相称,这样给员工与领导者平等对话的机会。其目的就是暗示全体员工,虽在企业中职务有所差异,但彼此之间是合作关系,都是为了向市场输出需要的产品与服务,并有效地进行市场交换实现企业利润。

企业只是提供了一个大家共同努力、实现自我价值的平台,让员工不畏权威,可尽情释放。

<u>企业员工是企业的核心资产</u>。特别在当下,知识性员工越来越多,他们自身的资源能否转化成企业的资本,是需要企业用情去感化、用心去转化的。试想一名员工每天上班感觉像是受罪,还会有主观意愿与能动性开展创意性或探索性工作吗?

企业人文环境的改善,来自企业领导的言传身教,来自以企业领导为首的核心团队的耳濡目染。这不是管理行为,但胜过任何管理的效果:企业是否让员工感觉到温暖直接决定企业员工的行为表现。

流程、标准、制度、规范是企业经营管理的纲,需要员工必须遵守,犹如违反军纪军法处置一样。人文环境营造是激发与感动每一个人,提升工作的主观能动性,大大提升为企业创造业绩的原动力。

　　交际环境对于员工的存留与发展的影响也至关重大，一般情况下，交际环境越复杂，生存环境越压抑，员工潜能开发也会越差，企业效益自然也就不言而喻了；企业交际环境越单纯，企业效益提升越有可能。

◎ 用领导者胸怀，提高企业品牌效应

有调查显示，在美国学工商管理的人成为大企业家的很少，但从西点军校出来的人，成为大企业家的却很多，原因是做生意不是只靠读读报表和财务数据，而是靠胸怀、坚韧、眼光和想要改变世界的决心。

对于企业领导者来说，最重要的任务是决策和用人，而决策和用人都需要眼光和胸怀。

在民营企业家命运沉浮的序列中，史玉柱从失败中崛起的故事凸显出"执着与毅力"的魅力与价值。

陈国、费拥军、刘伟和程晨被称为史玉柱的"四个火枪手"，史玉柱在二次创业初期，身边员工很长一段时间没领到一分钱工资，但这四人始终不离不弃，一直追随左右。

尽管经历了巨人公司数年的停业，但脑白金分公司的经理有一半都是最初跟随史玉柱起家的人马，而脑白金和

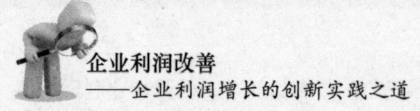

征途的多数副总更是早在1992年至1994年期间便是巨人公司的员工。

是什么原因让"巨人"倒下之时,整个团队二十余人几乎都没有离开史玉柱,而是追随他蛰伏了数年后东山再起?

原因很简单,就是史玉柱这个领导者的胸怀。他的管理方式体现在开明公平方面,只要你有实力,在他这里就有机会。由于史玉柱在管理上不会拘泥于太多规则,大家做事的时候会拼命做,小事也不拘泥于细节,整个过程能够让人实现个人价值。

人非圣贤,孰能无过,在工作中,如果你总盯着下属的短处和过错,就可能束缚下属的手脚,弱化了他的探索意识。

重庆力帆集团的创始人尹明善有一句经典名言,他说:"鼓励成功,宽容失败。"正是这种胸怀,才让他的力帆公司从1992年创立时的20万元资金和9个人,到现在增长了1000多倍。

领导的容人之过,还包括包容别人的误解、委屈,宽容下属的一些偶然出现的无礼、失态乃至某种程度的背叛行为。一个领导者只有具有宽阔的胸怀，才能团结一切可以团结的力量，调动一切可以调动的积极因素，为实现目标服务。

我们都知道只要干事情就会有出错的概率，很多企业之所以很难在业绩上有所突破，其主要原因来自过多的处罚与限制，这会给企业员工带上沉重的精神镣铐，特别是机制死板的企业，各种处罚让人几乎窒息。这类企业的经营思想是：员工在各个操作层面上不出错，企业效益就一定会好起来，此种假设有一定的道理，可是企业经营过程是一个动态过程，不是静止不动的，没有人能够精准预测经营结果，如果企业员工带着镣铐进行市场冲杀是不可能赢得好的市场结果的。

在当下的市场环境下，企业应以经营为主，管理为辅。企业经营的核心是：但凡有1%的希望都会付出百分之百的努力，经营是抓机会，而管理更多地考虑如何控制住1%的风险。经营与管理应该协同，找到经营与管理的最佳平衡点，不然过多的管理行为可能会抑制企业的运营效率，错失市场的机会。

企业要在必要的流程、标准、规范的基础上给予员工试错的机会，如果员工出错即予以处罚，没有任何容错的胸怀，那企业想实现跨越式发展是不可能的，特别是企业

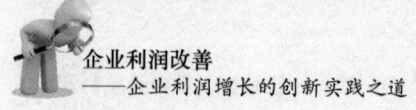

尝试的新业务板块。

几年前,我有一个学员做起了电子商务。刚做时,他的公司一直赔钱。

电子商务对于市场敏感度要求是很高的,为了提高流量、提升点击率与转化率,电子商务部门需要时不时地向市场快速推出一些产品活动或市场活动。很有可能企业开展的许多促销活动都是不成功的,但是会带来流量,会提升顾客对商铺的关注度。

如果用以往单纯的财务数据标准衡量成败的话,很有可能导致电子商务运营岗位和策划岗位不敢做任何的营销、促销活动,让商铺很难被关注,最终影响部门业绩提升与发展。

于是,我帮他的公司制定了一套策划岗位的考核方案,通过此考核方案引导策划人员不停地做营销、促销活动,拉动商铺流量与转化率。

策划岗位主要承担产品策划与活动策划,产品策划以投入产出比指标作为衡量标准,活动策划主要以转化率作为衡量标准,一旦活动成功,该策划就能得到相应的绩效提成,如果活动失败,该策划不承担任何责任。在这种情况下,策划人员就不会带着沉重思想负担开展策划活动工作，更多的会想如何做好活动。当然对于策划人员也会有基本的管理规范要求，一旦活动中出现侵犯别人知识产权等问题，该策划人员需承担相应的责任。通过此种模式，策划人员的工作积极性被调动起来，每周都在想着如何做活动，如何争取资源，很快该电子商务部门流量被拉升起来。

运营岗位与策划岗位是互相对应的，策划通过活动的设计与执行拉升流量及点击率，而运营岗位更多地承载策划活动的策划成果，通过考核方式引导运营人员提升与维护好流量指标，且要求流量指标只能上涨、不能下降，最终拉动电子商务业务的发展。

企业管理一定要赏罚分明，但不能以罚代管，除非是触犯了企业强制性的标准与规范。企业应给员工精神松绑，让员工尽情地发挥，使其充满创意地探索。

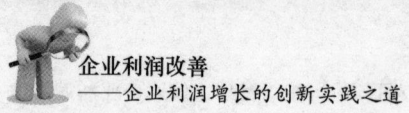

◎ 打造企业文化，增加企业凝聚力

阿里巴巴收购雅虎时，马云曾明确指出："有一样东西是不能讨价还价的，就是企业文化、使命感和价值观。"

阿里巴巴在2000年就提出了名为"独孤九剑"的价值观体系。"独孤九剑"的价值观体系包括群策群力、教学相长、质量、简易、激情、开放、创新、专注、服务与尊重。目前，公司又将这九条精炼成目前仍使用的"六脉神剑"。

阿里巴巴随着发展过程不断地完善着企业文化。然而，进行企业文化的渗透并不容易。成功的企业都特别注重企业文化的落地，而不仅仅作为墙壁上的口号那样流于形式。

阿里巴巴人事部经理陈莉说："阿里巴巴每年至少要把五分之一的精力和财力用在改善员工办公环境和员工培养上。"

阿里巴巴对员工的工作时间没有严格的打卡要求，只要完成工作任务，随便什么时候上下班。IT业研发性的工作用脑量大，员工处于紧张繁忙的状态。提供优雅一点的工作环境，能让员工心情舒畅，开心工作。

"天下没有人能挖走我的团队。"马云说，"整个文化形成这样的时候，人就很难被挖走了。这就像在一个空气很新鲜的土地上生存的人，你突然把他放在一个污浊的空气里面，工资再高，他过两天还会跑回来。"

这可能就是一般企业人才流动率高达10%至15%，而阿里巴巴连续数年的跳槽率仍然能控制在3.3%的根本原因。

企业是由人组织起来的利益综合体，是参与市场竞争并获得市场红利的载体。企业这个复杂的机构如何保障业绩张力，企业内部人与人之间的感情关系影响至关重要。为什么有的部门员工之间其乐融融，彼此在工作中并没有过多的鞭策与要求，只要部门领导的一个眼神、一个动作就可以心领神会，就可以群策群力、奋勇向前，而有的部门负责人喊破了喉咙，却很少看到齐心协力，甚至及时响应都很难见到，这就是企业文化的差别。

迪士尼数十年屹立不倒，经久不衰，并在激烈的同行竞争中成为娱乐业的领头羊，它是怎么做到的？是迪士尼的企业文化造就了它的辉煌。

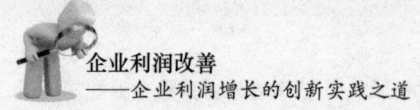

在迪士尼面试中心,每天要接待150～200名初试合格的应聘者。应聘者来后,公司会主动向他们发放详细列有公司雇员工作条件及规章制度的文件,还有列有公司全部职务的小册子。同时,应聘者可以使用幻灯片、可视电话等设备与公司相关人员沟通。

新员工就是这样在公司一系列的精心安排中,通过层层选拔进入公司的。接着,迪士尼对这些新员工进行精心培训,它要求每一个新员工都要接受由迪士尼大学教授的新员工企业文化训练课,以便让他们认识迪士尼的历史传统、成就、经营宗旨与方法、管理理念和风格。

最后,迪士尼还会为新员工制定一个为期三天的特色个性培训(见图5-3):

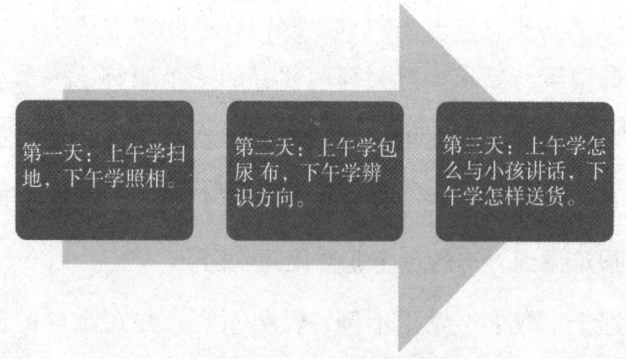

图5-3　迪士尼的三天培训

在迪士尼，员工与顾客互动时的工作排序如下（见图 5-4）：

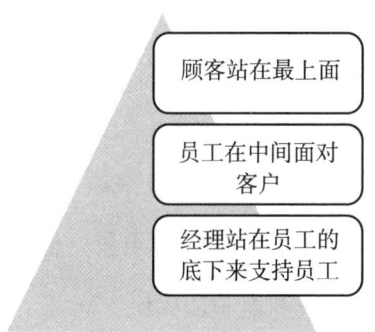

图 5-4　员工与顾客互动时的工作排序

从这个金字塔形的图中，我们看到的排序是：员工比经理重要，顾客比员工重要。这就是迪士尼企业文化一个方面的体现。而它的"市场定位"也是十分精确的。迪士尼为自己的企业价值进行了准确、清晰的市场定位，即表演公司，为游客观众提供最高满意的娱乐和消遣，给游客以欢乐。

怎么实施这一定位呢？当然是依靠员工了。公司最终提供给顾客的产品和服务，必须要由员工实施，所以迪士尼强调：将企业价值灌输给工作人员。而这种灌输，我们从迪士尼招聘环节就看到了，同时也体现在员工的训练中，就连整个游乐园的设计也充分显示这一管理思想。

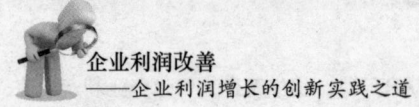

企业利润改善
——企业利润增长的创新实践之道

迪士尼的目标就是：不惜一切来确保每位工作人员都明白自己角色的信条和重要性。原因是：角色扮演已成为迪士尼乐园营造快乐氛围的重要手段。

正是这样充满凝聚力的企业文化，让迪士尼的员工有一种自豪感。在迪士尼乐园中，员工得到的不只是一项工作，而是一种角色，是为顾客带来欢笑的角色。于是，公园里的每个员工都在扮演主人的角色，他们用热情、真诚、礼貌、周到的服务为客人制造快乐。

这就是迪士尼乐园经营兴旺的奥秘所在：哪怕只有一次，也绝不让游客失望而归。这既与其准确、清晰的市场定位分不开，也是其企业文化的一种体现。

PART 6
大数据：创新利润新时代

大数据时代，企业要想从大数据中获取有价值的信息，就必须了解数据挖掘和数据分析的方法，对市场上获取的零散信息进行整合，挖掘其潜在的价值为企业所用，帮助企业做出正确的决策，提升企业产品利润。

◎ 数据时代参与市场交换实现效益增值

企业经营的本质就是通过价值的创造并参与市场交换来实现效益的增值。对于自负盈亏的企业来说,唯有聚焦于企业的核心价值诉求,不断地强化与提升各个产品在市场上的表现力,方可在当下竞争环境下生存与发展,最终才能在财务报表上反映出好看的数据。

然而,对于企业来说,再好的产品与服务在当下也可能因信息的泛滥而被湮没。所以,企业要额外关注产品与服务在市场的变现及结构占比。

在产品层面上,吞噬企业利润的无非有以下两个方面(见表6-1):

表6-1 产品层面的利润吞噬

第一个方面	产品或服务可卖量不足,会导致市场空间抑制;通过产品库存满足市场可卖量而导致期间成本的增加
第二个方面	产品或服务销售结构的占比

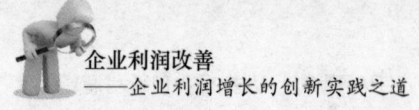

对于第一个方面的问题,主要通过数据分析与销售预测解决。

我的朋友开着一家服装零售企业。一般服装行业都是提前订货、事后销售的模式。订货时,产品有一定的进货折扣,刚上市的新款产品按照零售价与进货价之间的差价赚取相应的利润。可一旦产品滞销就需要低于进货价打折促销,极有可能导致产品前期赚钱后期亏钱的局面,核算起来最终可能没有利润。

以往为了冲销售不计库存地备货,也出现过因库存压力而谨慎订货导致货品不足的现象。为了解决此窘境,我为朋友的企业设计了一个订货系统,就是将产品的编码信息(货号、款式、尺码、颜色、面料等)输入到此系统中,通过历史销售数据的同比与环比找到销售变化规律,精准预测市场产品可卖量,并依据此数据作为产品订货的重要参考。这样一来,大大减少了库存积压,提高了企业的利润空间。

货品端是属于供应链环节的,通过数据分析可以相对精准地预测各种产品的销售结构占比。可市场销售行为对于该结构占比还会产生较大的影响。市场端销售人员的收益是销售佣金,如果企业按照不同毛利产品设计不同的佣金比利,在利益的驱动下会是什么结果呢?

我们来看一下某牛奶经销商针对销售代表的考核指标(见表6-2):

表6-2 某牛奶经销商针对销售代表的考核指标

1	毛利5个点内——0.5%提成
2	毛利6~10个点内——1%提成
3	毛利11~15个点内——2%提成
4	毛利16个点上——3%提成
5	考核模式=提成总额*任务完成率*(1-调货率)*拜访符合率*物料覆盖率
6	任务完成率针对转正后员工,设置月度任务
7	任务完成率年度累计3月未达标降级,同时取消季、年终奖金
8	调货率<2%,超出2%者,当月绩效归0
9	拜访符合率>80%、物料覆盖率>80%,低于最低值者,当月绩效归0

备注:这里的提成基数全部为销售额。按照阶梯毛利率提成,但凡单品做常规活动者,需按照扣除活动后的实际毛利率对应的提成比例进行提成。(特殊活动不扣除)

销售代表为了个人收益,自然而然会主推销售佣金对应毛利点比较高的产品,当然这是企业想要的。但是经营过程不是一个静态的过程,虽然可以按照销售预测订货,

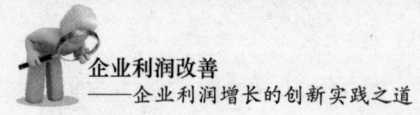

但市场端通过激励手段影响了销售结构,可能会导致某种单品动销比差的问题。为了消化库存,企业可以针对某种产品或某类产品,及时地进行相应的市场政策投入,以促进或刺激针对产品的销售动力,短时间改变销售结构比例。

当下的企业再也不能像以往一样凭借经验开展经营管理工作了。在市场环境大好时,产品不愁销路,只要有产品就不担心卖不掉。数据分析与销售预测等科学管理工具只能停留在大学教科书中,应用空间极少。

可在经济新常态下,市场环境发生了根本性的变革。特别是在当下去库存的时代背景下,企业若再不运用科学的管理工具作为支撑,很有可能会被以往的成功经验带入歧途。

销售结构占比最终影响企业的收益,企业应明确每种产品的毛利空间,在价值链分配的基础上精确地测算每个单品各价值创造环节利益分配比例,通过价值链导引高毛利产品的出货量。

影响企业利润的另一核心要素,就是成本与费用结构。企业成本与费用一般会分为固定部分与变动部分(见表6-3):

表6-3 成本与费用的构成

固定部分	固定成本与费用,基本固定不变,不随营业收入的变化而变化,一般不作为管理的重点
变动部分	变动成本与费用,同样又包括结构性与非结构性的部分,对于销售佣金来说,在设计价值链的环节需要经过缜密的核算并确定,所以也没有控制的必要,无非进行合规性管理。但是非结构性的成本与费用控制对企业利润的节流影响是非常大的。如市场费用投入,对于此类成本与费用需要通过费用率的比例变化及时预警与干涉。如某类费用率一直都处于1%左右,但近期数据发现该费用率有上涨趋势,这时就得立即寻找原因。如果非不可抗力因素导致费用率上涨,立即预警并干涉,这样就不至于因费用率的失控而导致白白浪费企业资源;如果费用率一直处于下行趋势,并且在某一个新的比例区间进行震荡,那么该费用率就是新的控制标准值,应以部门或岗位KPI考核的指标值加以管控

时下的管理需要以科学化为支撑,而科学化管理的前提需要即时、有效数据的传输与交换。企业可以根据数据的变化结合经营管理的需要设置相应的政策与管理手段,通过数据的交换、规律的挖掘及时调整产品结构、成本(费用)结构,提升企业经营管理效率水平,最终实现企业效益的增值,提升企业的利润。

◎ 定期复盘提高企业收益

企业通过数据反馈及时地进行经营管理行为的调整,为增加业务收入或成本(费用)结构的控制创造了条件,这些是过程管控行为。

除了以上这些调整,企业至少一个月要进行一次业务的复盘,除了对当月的经营结果进行总结外,还要对当月的得失进行回顾。特别是对市场端、产品端以及前后端的配合方面进行梳理,及时调整月度经营管理动作,匹配相应的考核手段,并对上月经营结果对应的部门与岗位进行奖惩兑现,以激励与鞭策各部门及员工的工作热情。同时,还要制定本月的考核任务及要求,匹配 KPI 指标紧扣相应的流程节点,以促进月度任务的实现、鼓舞士气,创造市场前端与后端的交流机会,更好地服务于市场。

两年前,我有位办了多年企业的学员,对我说他的企业利润在最近几年有下滑的趋势,问我怎么办?我在了解他的企业情况后,就提出让他的企业增加月度经营会议流程。

他听从了我的建议,到目前为止,他的企业利润一直处于上升阶段。

下面,我就讲讲他企业的月度经营会议流程(见表6-4):

表6-4 某企业月度经营会议流程

每个自然月结束前一周	公司给各市场下达下月度经营任务,次月月初1—5日根据市场繁忙状况任选2天作为月度开会时间,会议参加人为每个市场的总负责人、市场负责人、综合服务负责人、公司各职能部门负责人,会议地址每个市场每月轮流一次,会议主办地的相应中层管理干部列席会议
会议第一天	每个市场总负责人汇报上月经营指标、管理指标以及达成状况及经营过程中遇到的问题,希望公司职能部门具体的配合措施,同时汇报当月经营管理任务的计划及需要企业配合的资源要求。 财务部门对上月的经营结果进行分析,特别关注各指标的完成率以及各市场网点的业绩变化、各市场单元的盈亏状况、影响盈亏的因素、各成本结构与费用结构状况、各个产品销售占比、合作商户或经销商历史数据比较、核心商户的占比、哪些商户需要关注、哪些商户有可能在政策的支持下能够成长为核心商户、每个市场投入的人力及人效状况、各市场费用投入产出比等,通过财务数据系统的分析与梳理,找到每个市场核心的问题及关注内容,提请公司加以关注。 各职能部门针对上月度KPI指标完成状况进行总结,对与市场前端合作过程中出现哪些问题进行梳理,特别是因市场导致工作困扰以及针对市场方面提出的整改意见等

续表

第二天上午	企业核心层就第一天反映的问题进行梳理与整理，特别是针对市场方面要求后台配合部门应做的支撑给予具体的要求，同时针对后台支撑部门发现前线的问题要求市场整改的措施，并最终细化为各个部门（含市场部门）当月的KPI指标，结合企业的价值链及原流程节点的控制指标制定每个部门的考核标准
第二天下午	会议所有应参加人员全部参加，由公司按照业务部门、支撑部门一一下发当月的考核指标及标准，各部门负责人签字确认并交公司人力资源部门存档，作为当月对各部门进行考核的依据。各部门员工一般考核相对固定，都是围绕着核心流程节点设置价值链比例及考核标准的，但如果市场方面有较大的调整，也会根据市场的变化在各部门考核指标的基础上进行细化考核至具体责任人
会议最后一项是奖惩环节	针对上个月业绩完成较好的员工，现场发奖金及荣誉证书，但是上个月度完成不好者，惩戒、处罚在所难免，当然也会出现相应负责人员被免职或开除的情形（一般这种类型的人员都主动提出辞职了）

他的企业通过每日数据反馈调整企业产品结构与成本（费用）结构，通过每个月的复盘找到影响业绩的问题及解决办法，通过及时的奖惩措施做到奖罚分明，市场很快打开，同时通过不断的优化与修正，提升了顾客感知度，不管是品牌还是企业效益，都有了很大的提升。

企业定期复盘应该作为企业的机制固定下来。但有的企业很少进行经营管理的复盘梳理工作，直到企业出现问题时才考虑找问题的根源。甚至有的企业还没有找到问题的根源，就凭借表象开始整改，标准的有病乱投医模式。

企业定期复盘就像人要定期做体检一样，老是不体检，有可能机体的小问题没有及时发现，结果一旦问题暴露已是病入膏肓。

实际上，企业定期复盘是为企业整改做基础检查。对于当下的企业来说，有些问题是可以通过设置KPI考核模式进行调整与优化的，但是有些问题属于企业的系统性问题，不是简简单单通过整改与考核就能够解决的。有时需要企业动一定的"手术"或者些许的投资与改造，以保证企业更好地运营下去。

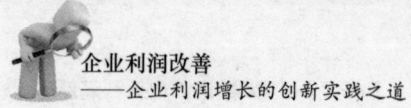

企业利润改善
——企业利润增长的创新实践之道

◎ 稳健获利,合作共赢

2015年,全国各地刮起一场跨境电商产业园风。但由于国内民族产业的困境,2016年又不得不进行相应的限制,导致很多产业园或企业蒙受巨额损失,当然也不乏很多企业因抗风险能力的问题被迫关门大吉。

这个案例告诉我们,企业经营除了面临着市场竞争压力,在经营过程中也受制于政策与法规。一旦政策与法规出现变化就有可能重塑行业规则,甚至颠覆行业现行的行业规范。对于企业来说,要有能力识别政策与法规对企业的影响。

2012年,我国对金融政策进行了改革。开始的时候通过放开金融的方式,引导民间资本进入金融领域。于是,各种金融创新平台像雨后春笋般发展起来,一时间金融行业热度倍增。后来,由于疏于监管或监管不力等因素导致了 E 租宝等事件。

紧接着,因为近几年为了促进国家经济的发展不断增加信贷规模,导致各家银行呆坏账率大幅上涨,国家紧急采取金融管制措施,一度出现这样的情景:但凡带有"金融"二字的企业名都不予核准。以往依靠银行信贷支撑的各类金融创新平台,由于上游资金的收紧导致资金断流,一时间这类企业尸横遍野。

除了行业性政策与法规对企业影响重大外,企业相关法律法规的变化同样也冲击着企业传统运行规则。

2008 年 1 月执行的劳动合同法直接导致企业用工风险倍增。在与员工签署劳动合同方面,只要实际劳动关系建立之日起 1 个月至 1 年期间,如果企业没有和员工签署劳动合同,一旦发生劳资纠纷,员工可以要求企业支付双倍工资;一年以上没有签署劳动合同者,甲乙双方劳动合同直接转变为无固定期限劳动合同。

2016 年最新实施的营业税改增值税问题,对企业影响也不容小觑。特别是以往在合同签署、税票索取方面不规范的企业应特别重视,营改增特别要求资金流(银行的收付款凭证)、票流(发票的开票人与收票人)、物流(劳务流)三流统一,一旦出现差异,会涉嫌虚开发票,将被税

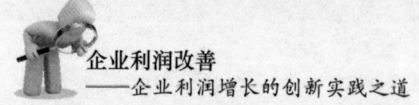

务稽查部门判定为虚列支出。虚开发票，需承担一定的行政处罚甚至遭到刑事处罚。

政策与法律对企业的影响是不言而喻的。作为企业最高决策者，一定要对国家政策与法规保持一定的敏感性，遵纪守法，会让你的企业受益无穷。

华人首富李嘉诚专门聘请专业人员看报纸、查资料，通过信息的检索与分析，透视当地政府政策导向，及时调整经营管理方向，最终打造了今天的商业帝国。

选择大于努力，企业家选择的前提来自对政策的解读。不要漠视政策与法律的影响，要在解读的基础上及时调整企业的经营方向，这样才有可能保障企业处于稳健的发展环境中，才能最终保障企业及员工利益。

除了政策与法律的影响外，国家产业结构的调整及商业环境的变迁对企业的影响更为隐性，也可能更为致命。如果所属行业属于国家要淘汰的行业，想把企业发展起来的可能性极低。即使你不是直接所属行业，只要你属于产业链上下游都有可能受其影响，这个时候唯有重新选择，立足转型才有一线生机。

每个行业都有行业规则，都有行业特性，违反规则进行商业行为的企业，一定走不长、走不远。假如你是金融类企业，你的核心壁垒就是海量的低价资金；假如你是商贸企业，你的核心壁垒就是一手的畅销货源；假如你是科技型企业，你的核心壁垒就是领先的科学技术。

这些核心要素是支撑企业经营的根本，金融企业没有了资金的支持，商贸企业没有了畅销的货源，你的企业经营困境可想而知。

参与市场竞争的最终是产品，产品品质除了具有增强企业市场竞争力的属性外，产品的反面影响因素有时更值得我们关注。产品的上限是品质，产品的下线是安全。假如你所在的行业是食品企业，一旦出现一桩食品安全事故，就有可能摧毁辛辛苦苦经营多年的企业品牌，甚至可能导致企业倒闭。

当下的企业除了考虑市场上的搏杀、底线的控制，还要考虑政策的影响和法律的变化。企业领导要有展望国家产业结构的格局，要有深谙商业环境变迁的能力，根据变化及时调整产品，这样才不会被市场淘汰。

随着社会结构趋于合理，社会治理越发完善，社会越发需要企业领导拥有企业家精神，需要企业真正回归商业本质。企业之所以立足，是因为源源不断的价值创造，企业之所以发展，是因为价值创造中的脱颖而出。作为企业

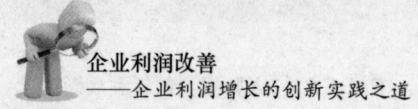

最高决策者，要做到不被欲望所干扰，市场中的翘楚无不是以扎实的基础为前提的，所有的经营结果都是由企业综合实力支撑的，踏踏实实地走好每一步才是根本，企业不易，且行且珍惜。